アメリカ　ギフテッド教育最先端に学ぶ

才能の見つけ方　天才の育て方

石角友愛［著］
Tomoe Ishizumi

文藝春秋

アメリカ ギフテッド教育最先端に学ぶ

才能の見つけ方　天才の育て方

最愛の娘と息子へ

目次

第3章　ギフテッドを埋もれさせない！

第4章　進化するアメリカの教育

第5章 ギフテッド専門クラスの授業

第6章 親としてできること

第7章　増え続けるホームスクール

第8章　日本でできるギフテッド教育

装丁　野中深雪
DTP制作　エヴリ・シンク

はじめに

先日、カナダのケベックに住む15歳の少年が、マヤ文明の古代都市を自力で発見するという大ニュースが飛び込んできました。

少年はマヤの古代都市が「星座の位置に基づいている」という仮説を立て、グーグルマップなどを使用して検証を繰り返すうちに、新たな都市の存在に気づいて、カナダ宇宙庁から衛星写真を提供してもらい、新たなマヤ古代都市を発見したといいます。

結局、この発見には専門家などから異論も出て、真偽のほどは現在、闇の中ですが、わずか15歳の少年の、考古学への熱意と好奇心と行動力に驚いた方も多いのではないでしょうか?

アメリカやカナダでは、10代の子どもが大人顔負けの研究や発見をすることはめずらしくありません。彼らは「gifted＝ギフテッド」(神に与えられた才能を持つ人＝天賦の才のある人という意味)と呼ばれ、特別な教育＝ギフテッド教育を受けていることも少なくありません。特にアメリカでは、ギフテッド・チルドレンの発掘と育成は、家庭の枠を超え国家レベルでの責務とされ、数々のギフテッド教育のための団体や学校が存在します。ギフテッド・チルドレンは、社会経済的な背景に関係なく、どんな階層・地域にも存在すると言われ、アメリカでは約6％から10％の子どもがギフテッドという統計があります。つまり、見方によってはそこまで稀な存在でもないのです。

私は現在、アメリカ・カリフォルニア州のパロアルト市に住み、幼稚園生の娘と乳児の息子を育てていますが、娘の今後の教育方針を研究する中で、「ギフテッド教育」の存在を知りました。そして、私自身がもとから発達心理学などを専攻していたことから興味を持ち始め、ギフテッド教育に特化した専門家たちで構成される、アメリカで一番歴史が古く、最も大きな団体である全米天才児協会（National Association for Gifted Children）に入会し、多岐にわたるアメリカのギフテッド教育の最先端の情報を学ぶ機会を得ました。

日本でも、2014年、カナダ政府より「ギフテッド」の認定を受けた14歳の日本人少年、大川翔君が、カナダの大学に全額奨学金で入学したことが大きな話題となり、「ギフテッド」という言葉は徐々に知られるようになってきています。しかし、現実的には、政府の取り組みをはじめ、教育機関、そして一番大事な親御さんたちが、ギフテッド・チルドレンに対する見識をまだまだ深めてはいないように思えます。ギフテッドという概念があいまいで、インターネットで検索していても、ギフテッド＝障害というように記載している記事もあります（実際になんらかの障害を持つギフテッドもいるのですが、ギフテッドと障害はイコールというわけではありません）。

自分の子どもには最高の教育を受けさせたい――。

すべての親がそう願って子育てをしていることと思います。「ギフテッド」に対する理解を深め、その芽を見つけ育てる、そのようなスタンスの親御さんが増えれば、潜在的な能力を秘めたいわば、「ギフテッド予備軍」の子どもたちは、もっとその能力を顕在化することができると思うのです。

ギフテッド・チルドレンとは、成績がオールAの子どもという単純なものではありません。親が、ギフテッドの多様性を理解し、教育の感受性を高め、注意深く見守ることでしか、子どものギフテッドネスを発見できないこともあるのです。

日本では、2020年の大学制度改革に向けて、「明治維新以来の教育大改革」が進んでいると聞きます。より思考力・表現力・想像力などが求められる今後の教育においては、まさにこれまでの大量生産型の平均的な優等生ではなく、自分の個性と可能性を伸ばしたギフテッドな子どもが、社会的にも求められているようにも思えます。

本書で私が伝えたいことは、いかに自分の子どもを天才児にするかのノウハウではありません。誰もが自分の子どもに、自分を愛し、感情を上手くコントロールし、他者への共感を示し、知的好奇心を強く持ち、逆境にもへこたれない強い精神力を持つ人に育ってほしいと願っていると思います。どのようにしたら、その芽を発見し、つぶさずに育てていけるのか、それを考えるきっかけにしていただければと思います。

この本を通して、皆さんが自分のお子さんだけのギフテッドネスを見つけていただけたら著者としてこの上ない喜びです。

石角友愛

第１章　なぜアメリカに天才が多く出現するのか

「天才＝ギフテッド」というとあなたはどんな人を思い浮かべるでしょう？

日本でも2014年に話題になった、14歳でカナダの大学に進学した大川翔君は、カナダ政府から9歳のときに「ギフテッド」の認定を受けました。

彼は、5歳まで日本の保育園で育ち、その後カナダに移住したことでギフテッドの道が開けました。12歳のときに一時帰国し、全国でもトップクラスの大学進学実績を誇る千葉県の私立校、渋谷教育学園幕張中学校に合格しますが、カナダ時代に飛び級していたこともあり同年、カナダの高校1年生のコースに残ることを決めます。

14歳のときには高校を卒業し、カナダを代表する5つの大学（マギル大学、ビクトリア大学等）から、返済不要の奨学金つきの合格通知をもらったという経歴の持ち主です。

彼はたまたま日本人だったので日本で話題になりましたが、世界に目を向けてみると、驚くべき才能を持つ「ギフテッド」は数多くいます。特に私が住んでいるアメリカでは、そういった天才少年・少女のニュースには事欠きません。まずは、アメリカで最近話題のギフテッドな子どもたちの例をご紹介しましょう。

15歳で膵臓がんの検知方法を開発した少年

たとえば、**15歳のときに、一番発見が難しいと言われている膵臓がんを90％の精度で検知できる新検査法を開発した、アメリカ人のジャック・アンドレイカ君。**

彼は、親しくしていた叔父を膵臓がんで亡くしたことをきっかけに、技術革新が進んでいない腫瘍マーカーによる血液学的検知法に疑問を持ち、自分でよりよい検知方法を開発することを決意します。

その後、カーボンナノチューブと紙片を使い、90％の精度で膵臓がん、卵巣がん、肺がんなどを検知できる方法の開発に成功します。しかも、ジャック君によると、彼の方法なら、従来の検査法よりも１７０倍早く、２万６０００分の１ほどの費用（一回につき約３セント）で検査が行えるというのです。

そして２０１２年、15歳のときにこの検知法の発明により「科学のオリンピック」として知られる世界最大の科学コンテスト、インテル国際学生科学フェア（ＩＳＥＦ）に出場し、一番名誉あるゴードン・Ｅ・ムーア賞を受賞しました。その後、ホワイトハウスへ招かれ、多くのニュース番組などに特集されたジャック君ですが、現在はスタンフォード大学に通いながら、がんの研究を続けています。

ジャック君は18歳で『Breakthrough: How One Teen Innovator is Changing the World』という、〝いかに10代の男の子が世界を変えていくか〟というタイトルの自伝を出版し、幼少期の思い出や尊敬する叔父を亡くした悲しみ、そこからどのように新検査法を発明したかを細かく綴っています。（＊1）

その本によると、ジャック君は小さい頃から、川や海の水質に関する研究をしていた叔父さんにカニ釣りに連れて行ってもらい、一緒に水辺でつりをしながら、数々の自然に関する話をしていたそうです。ところが、ある時、叔父さんは膵臓がんになり、短い治療期間を経て亡くなってしまいます。

当時中学生の多感な時期だった彼は、愛する叔父の死という出来事以外にも、自分がゲイであるという自覚や、社会からの拒絶やいじめ、それによる自傷行為などで、苦しみの真っただ中におり、そんな中「なぜテッド叔父さんが僕から奪われなければいけなかったのか、理解する必要があった」と、膵臓がんを治す方法を考えるプロジェクトを立ち上げます。彼は、12歳の頃から多くの地方でのサイエンスフェアで優勝し、15歳の時点でサイエンティストとしての実績が数多くありました。

膵臓がんについて調べる中、85％以上のケースで発見が遅く、発見されたときには２％以下の生存率しかないという驚愕の事実を見つけます。そこから彼は、「なぜ膵臓がんは発見が遅れるのか？　発見が難しいのか？」という疑問を持ち、膵臓という臓器自体の入り組んだ位置や腫瘍の見つけにくさだけが原因ではなく、その検査方法が過去60年間以上改善されておらず、非常に複雑で高価（８００ドル以上）、そして不正確（30％以上のケースを見つけられない）であるという事実にたどり着きます。

そこから８０００種類ものたんぱく質を一つ一つ調べ、最も早い段階の膵臓がん患者の中に存在するたんぱく質がどれなのかということを追求していきます。一つのたんぱく質をテストするのに何時間もかかる作業を根気よく続け、また、数多くの論文を入手するために、論文の著者である教授にメールを送っては断られる、ということを繰り返します。そして、４０００種類ほどのたんぱく質をテストしたところで、ついに「メソテリン」というたんぱく質の存在に気づくのです。

その後、受講していた生物学の授業で抗体とナノチューブを使った検査法を思いつくのですが、そこに至るステップには、尋常ではないプロジェクトへのこだわりを感じます。

ギフテッドの多くに見られる特徴の一つに、〝インテンスである〟ということが挙げられます。インテンスとは、強烈、極端、激しい、などと訳されますが、ジャックの8000種類ものたんぱく質への熱意は、まさしくインテンス以外の何ものでもないと思います。

17歳でインテルからオファーされた少年

17歳にして既にホワイトハウスに3回も招待されている**ジョー・ハーディー君も、アメリカでは有名な少年です。「つまらなかったら何かつくれ！」が彼のモットー**で、DIY（Do It Yourself, 自分でものをつくる）活動を啓蒙しています。2006年にアメリカで始まった、あらゆるものづくりの発表の場である「メーカーフェア」によって「人生が変わった」と言っているだけあり、機械などのものづくりへの強い情熱を持っています。

ローマで開かれたメーカーフェアにいたインテルの社長が、そこで発明品を披露するジョー君を見てその場でインターンシップの内定を出したというエピソードが彼のすごさを物語っています。（＊2）このインテルのインターンシップは本来優秀な大学生に向けたもので、高校2年生でそのオファーをもらうというのは前代未聞であったため、様々なところで記事になりました。

ジョー君は、アリゾナ州立大学の中に設置されたギフテッド専門の高校、ハーバーガー・ヤングスカラーズ・アカデミー出身で、ビジネス・インサイダー紙の「賢い子ども世界ランキングトップ10」の一人にも選ばれています。代表的な発明品は、ＩｏＴ（モノのインターネット）の流行に伴い、センサーデバイスとして大きな注目を集めているアルドゥイーノという機械のための、ＬＥＤシールドで、また、14歳のときには、サイエンスフェアの一環で、オバマ大統領の目の前で自身が発明したマシュマロ空気砲を披露しています。

前述のインテルのインターンシップのように、企業が大学進学前の優秀な生徒にアプローチする例は、実はイノベーションのメッカであるシリコンバレーでもよく見られます。

例えば、ペイパルをイーロン・マスク氏たちと立ち上げた起業家のピーター・シール氏が創設したシール・フェローシップ（シール基金）。ピーター・シール氏は、優秀な人材は大学に行かないで、どんどん面白いものをつくるべきだ、という考えを提唱しており、その一環としてこの基金を立ち上げました。22歳以下の面白いビジネスアイデアやプロダクトアイデアを持つ人であれば誰でも受けることが出来て、受かった場合、2年間にわたり合計で10万ドルの支援を受けられます。ベンチャー・キャピタルではないので、お金の代わりに自身の会社の株式をもっていかれることもありません。ただし、はっきりしているのは、もし合格したら学校を退学または休学しなければいけない、ということです。

また、私が勤務していたグーグルでは、人事担当上級副社長のラズロ・ボック氏がニューヨークタイムズ紙に対する取材で、「グーグルではチームによっては大学に行かなかった優秀な人材が14％を占める場合もある。このような素晴らしい人たちを発掘するために我々はもっと努力しなければならない。大学というのは、多くの場合、学生にとっては借金ばかり増えるだけで、人生における大事なことを学べないことが多い。思春期の延長線上のようなケースばかりだ」と言っていました。（＊3）

「才能」というものへの捉え方が、日本とは違っていることにお気づきいただけるのではないでしょうか？

17歳でiPhoneのジェイルブレイクをした天才ハッカー

もう一人、ちょっと異色な天才をご紹介しましょう。

ブルームバーグニュースでも特集記事がくまれ、瞬く間にエンジニア業界以外にも知られるようになった、**世界的ハッカーのジョージ・ホッツ氏**です。

彼は、17歳のとき個人として初めてiPhoneのジェイルブレイク（ハッキング）に成功。AT&T以外のキャリアでも使えるようにしてしまい、その手法をYouTube上で公開したことで、ＡＴ＆Ｔに限定していたキャリアを他社にも開放させることになったという、業界では伝説的なハッカーです（ちなみに英語でハッカーというと少なくともビジネス、ＩＴ業界では非常に優れたエンジニアとしての褒め言葉です。Facebook 本社のある通りに Hacker Way［ハッカー通り］という名前がついていることからも分かります）。

そんな彼は現在、26歳。サンフランシスコの自宅のガレージを改造し、ホンダのアキュラを使って、自動運転する車を開発しています。テスラモーターズの社長、イーロン・マスク氏から「数億円のボーナスを払うから是非テスラに来てくれ」とオファーを受けるも、「仕事は探していないから」と言って断ったという逸話の持ち主です。（＊４）

ホッツ氏の言動は、色々な意味で型破りです。iPhone ハッキング成功の後、２００９年にはソニーのプレイステーション３をハッキングしようと試みます。当時、プレステ３は誰も破ることの出来ないセキュリティで覆われていたため、世界中のハッカーが興奮しました。

そしてついに、ソニーの鉄の壁を破ることに成功しますが、その後ソニーに提訴され、訴訟取り下げを条件に、今後一切ソニーの製品に手を出さないことで合意します。彼のモットーは、**「モラルは重視するけど、下らないやつらによって作られた法律は無視する」**ということだそう。あらゆるメディアで取り上げられ、次々に Facebook やグーグルからお誘いがかかりますが、「つまらない」「機械学習の技術を使ってどうやったらユーザーのFacebookでの滞在時間を伸ばせるかと知恵をしぼっていた。恐ろしい考えだ」などと言ってすぐに辞めてしまいます。

そして、その後、サンフランシスコの自宅ガレージで「自動運転システム作り」に乗り出すわけですが、無人自動車というのは、今一番ホットな分野です。

テスラモーターズをはじめ、グーグルも商業化し、２０１５年秋には、トヨタ自動車が10億ドルを投資してシリコンバレーにTOYOTA Research Instituteを設立したことが、アメリカでも大きな話題になっていました（特に、日本企業であるトヨタがそのトップに、DARPA［アメリカ国防高等研究計画局］のトップ研究員であるギル・プラット氏を始めとするアメリカ全土でも選りすぐりのトップサイエンティストを抜擢したことが話題になっていました。DARPAは米国防総省が作った研究組織であり、インターネットの原型であるARPANETや、GPSテクノロジーもDARPAが主導して作ったことで知られます）。

テスラモーターズの自動運転装置の基礎的な作りは、イスラエルのモバイルアイという会社が提供するテクノロジーによって支えられています。ホッツ氏はそのテクノロジーを「時代遅れ」と呼び、自身が開発したものがすぐにモバイルアイをつぶすことになるだろうと言います。テスラモーターズのイーロン・マスク氏が「モバイルアイの技術より優れたものが作れるなら、長期的に数百万ドルのボーナスも払うので我が社に来てほしい！」とラブコールを送りますが、彼は、「今、別に就活してないんだ。モバイルアイの技術をクラッシュしたらメールするよ」と返事したそうです。

そんな彼も、やはり、インテル国際学生科学フェアで、部屋の構成などの位置関係を理解出来るロボットを作り、ファイナリストになった経歴を持ちます。そして翌年には同じフェアでホログラフィー（レーザー光線を利用する立体写真術）ディスプレイを作ったことで、最も名誉ある賞を受賞し、ストックホルムに招待されてノーベル賞授賞式に参加しました。「それまでは僕は高校の成績もひどかったんだけど、この科学フェアによって救われた。好きなものを作って、評価される。人生で最高のことだった」と語っています。

古今東西あらゆるジャンルで出現する天才

科学の分野ばかりでなく、アートの分野でも突出した才能を持つ少年や少女がいます。たとえば、**わずか8歳でコンテンポラリー・アートの巨匠ジャクソン・ポロックに似た画風と評価され自身のギャラリーをニューヨークに開設したオーストラリア出身のア**

リータ・アンドレちゃん。今、世界中のアートシーンで注目されている天才児です。

その作品は海外のオークションで一作品3万米ドルほどで取引されるレベルになり、現在も世界中を飛び回り、どうやって9歳の少女が抽象的なコンテンポラリー・ペインティングを創作するのか、そのプロセスを公開しています。


また歴史を遡ってみれば、アメリカの偉大な作家、生化学者であったアイザック・アシモフは飛び級を繰り返し、15歳でコロンビア大学に入学し、生涯で500冊以上の本を出版し、三大SF作家の一人として名を馳せたことで有名です。

同じく作家の森鷗外は、年齢を2歳多く偽り12歳で当時の第一大学区医学校（後の東大医学部）予科に入学したことで知られていますが、彼は「語学の天才」であったことでも有名です。なんでも医学校時代の鷗外は、ドイツ語の授業で、ドイツ語を全て中国語に翻訳して縦書きでノートを取っていたということです。（＊5）

冒頭から、いきなり、スーパーレベルの天才児たちの実例をあげてきましたが、彼らに共通することは何でしょうか？

生まれながらにして突出した才能があり、環境にかかわらず「天才」となる運命だったのでしょうか？　それとも、運良く持ち合わせていた才能が開花するチャンスを与えられたからこそ、このような世界的な天才となれたのでしょうか？

天才集団メンサの会員数が圧倒的に多いアメリカ

ここで、面白いグラフをご紹介しましょう。

これは、ＩＱテスト（知能指数テスト）で全人口の上位２％以内のスコアを出した人のみが加入できる非営利団体メンサ・インターナショナルという世界的組織の各国メンバー数を表したものです。

イギリスにあるので、その知名度や浸透度などを加味してイギリスを始めとするヨーロッパの各国が上位に位置するのは分かりますが、トップのアメリカの５万人という数字には驚きを隠せません。アメリカと日本では、人口比を勘案しても、10倍以上の差があります。

仮に「天才＝ＩＱが高い」と定義するなら、どうしてアメリカには、こんなにたくさんの天才が存在するのでしょうか？　アメリカと日本には、なぜここまでの差があるのでしょう。

冒頭で紹介した、大川翔君は、自身の著書『ザ・ギフティッド』（＊７）で、自分のよ

図1　国別に見たメンサ会員数トップ 12 国

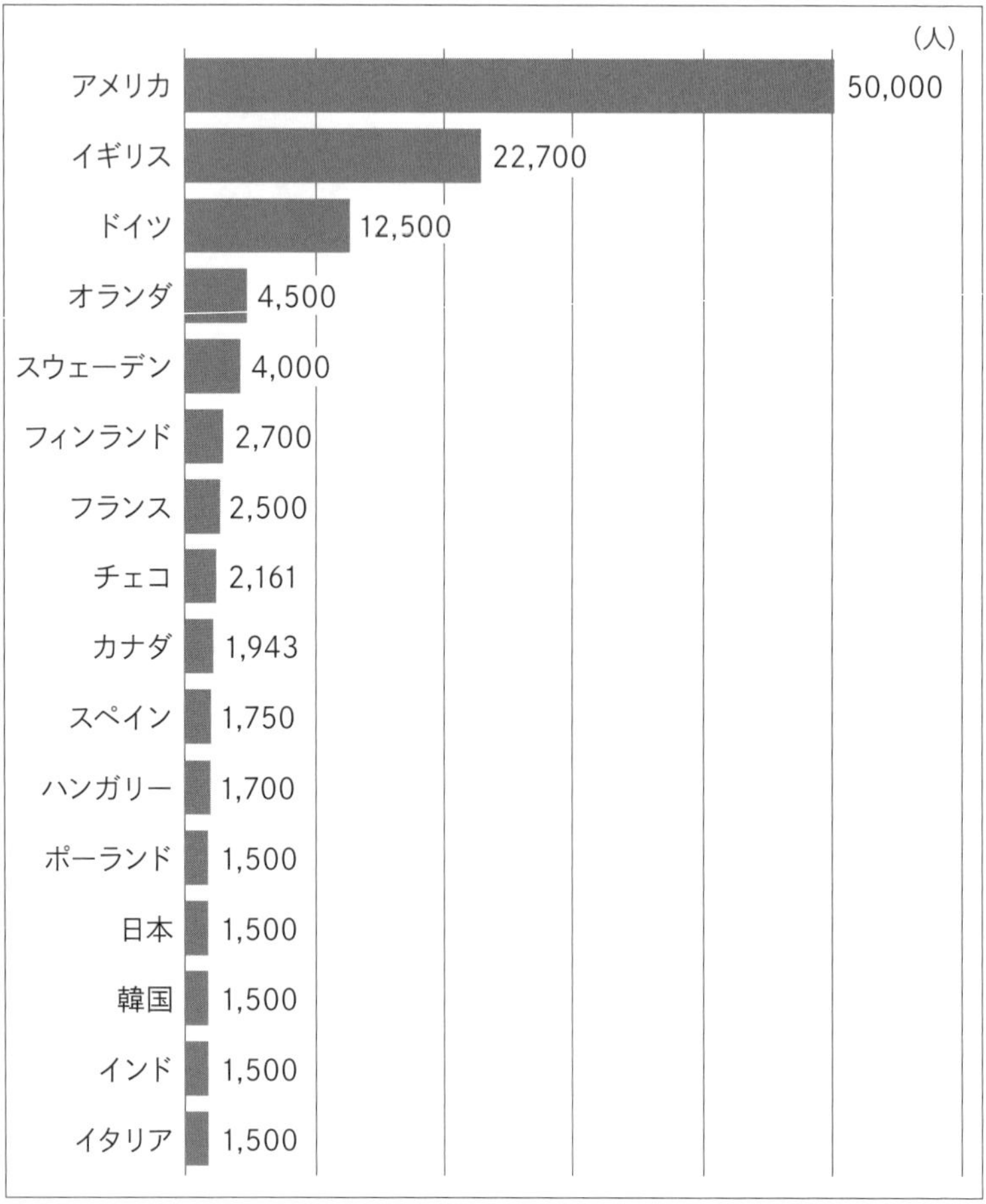

出典：メンサ・インターナショナルのサイトに記載された会員数を元に著者が作成（*6）

うな生徒（ギフテッド、天才児）は日本にもたくさんいるが、**日本には、ギフテッドの認定制度や飛び級制度がないから、それが顕在化しない**だけだということを指摘していま す。彼のこの指摘は、まさにギフテッドの実態の一面を的確に表していると思います。

ギフテッド・チルドレンを発掘する取り組み

アメリカの教育省が２０１５年に発表した教育に関する統計によると、**２００６年の時点で公立校に通うアメリカ人生徒のうち、約７％がギフテッドと認定されていた**というデータがあります。人種別に見ると、アジア系のセグメントが最も多く、10％を超えています。（＊８）

これは、既に公式に発掘されたギフテッドの生徒の数ですが、まだ発掘されていない潜在的グループを入れるとその数は何倍にもなるのではないかと言われています。アメリカでは、今日、ギフテッド・チルドレンを発掘し、育てる一連の取り組みが家庭の枠を超えて国家、社会レベルで行われ、ギフテッド教育に関する組織も数多く存在します。なかでも代表的なものに、全米天才児協会（National Association for Gifted Children）があります。

全米天才児協会では、ギフテッド・チルドレン発掘育成プログラムを奨励、または義務化している州の実態を、毎年調査し、報告書をまとめています。その２０１５年の調査報告書を見ていると、面白いことが分かってきます。

例えば、返答をした42州のうち32州はギフテッド・チルドレン発掘活動を各学区に義務づけていると返答しています。そのうち約56％に当たる18州が、地域の教育団体により１００％のギフテッド・チルドレン発掘率を誇る（最低一人でもギフテッドが見つけられた）と返答しています。その州を見ると、保守的なイメージの強い黒人が多く住む南部の州（アラバマ州、ルイジアナ州、ミシシッピー州等）も多く含まれています。

発掘されたギフテッド・チルドレンの中には障害を持つ子がいることもあり、ワシントン州では６％が障害を持っていたと返答しています。ギフテッド発掘率が１００％のミシシッピー州やアーカンソー州では、発掘されたギフテッド・チルドレンの約40～45％が貧困層に属する子どもだったというデータもあります。

一番発掘率が低い層は、ＥＬＬ（English Language Learner, 英語以外の言語も話す多様な文化的背景を持つ子どものこと）で、一番高いコロラド州でも、発掘されたギフテッド・チルドレンのうち約４・６％がＥＬＬだったということです。（＊９）

（これに関しては、ギフテッド・チルドレンの評価方法や基準自体に問題があると唱える学者が多く、今新しい動きが起きていますので、次章で説明します）

才能を隠したがる日本

これらのデータから、ギフテッドの素地がある子どもは、実際たくさんいるのだということがお分かりいただけるでしょう。そして、保護者や教育関係者の認識、発掘作業、そして正しい教育がいかに重要か、ということが分かると思います。

同じデータが日本社会にもそのまま当てはまると断定は出来ませんが、同じ先進国であり、教育水準の高い日本であれば、本来、大きな差はないはずです。

しかし、**残念ながら日本には、いくつか「才能」に関するネガティブなことわざがあります。**たとえば、「十で神童、十五で才子、二十を過ぎれば只の人」。もしそうだとしたら、アシモフや森鷗外は例外だったのでしょうか？　「出る杭は打たれる」「能ある鷹は爪を隠す」なども、日常でよく耳にすることわざです。

せっかく才能を持って生まれたギフテッド・チルドレンにたいして、「どうせ二十歳になれば普通の人になるよ」と親が冷めた目で傍観し、「才能をひけらかすなんてはしたない、能ある鷹は爪を隠すものだ」と教え込む社会からは、なかなか、突出した天才は生まれにくいのではないでしょうか？

冒頭に紹介した天才児たちの例をみても、**インテル国際学生科学フェアや、メーカーフェアなどで、自身の能力を発揮し、披露し、評価される場所を見つけ、いかにそれが彼らのその後の人生を変えていったかが分かると思います。**地方レベルでもアメリカには、数多くのコンテストが存在しますが、日本にはそういった機会も少ないのではないでしょうか。

私は決して、日本社会の批判をしたい訳ではありません。何にでも例外はつきものですし、ただ短絡的、断定的な話をしても意味はありません。

それよりも、アメリカで今日行われているギフテッド・チルドレンを育てる一連の取り組みを皆さんにご紹介する中で、日本では何が実践できるのか、また親として我が子に与える教育の選択肢をどう増やすことができるのか、そういう議論をしていくことにこの本を書く目的があります。

第２章　ギフテッド・チルドレンとは、どんな子？

ところで、アメリカにおいて「ギフテッド・チルドレン」はどのように定義されているのでしょうか？

まず大前提として、**ギフテッドの語源は文字通り「天から授かった」という意味で、努力型の秀才ではなく、ほぼ生まれつき授かった優れた才能を持つ個人を指します。**

ギフテッドとして冒頭に紹介した大川翔君も、著書の中で、ギフテッドは、日本では天才児と訳されるが、贈り物を意味するギフトが語源。神あるいは天から与えられし才能を社会のために還元せよ、という意味を含む、と述べています。（＊7）だからこそ、どんな社会的環境に生まれた子でもギフテッドの可能性はあり、アメリカでは国家レベルで、埋もれてしまいかねない貧困層やマイノリティに属するギフテッドの種を発掘することに注力している訳です。

心理学や教育学の世界ではよく、「Nature（ネーチャー）vs. Nurture（ナーチャー）（生まれか育ちか）」という議論がされます。ギフテッドの場合、その才能自体は生まれつきですが、それが開花するかどうか、についていえば、育った環境による影響が大きいと言われています。

たとえば、**親が全くギフテッドに関して無知であった場合、悲しいことですが、子どもを「扱いにくい問題児」と見なしたまま一生を終えてしまうこともあるのです。**そういう意味では、「ギフテッド」と社会的に見なされ、満足のいく人生を送っている人は、才能自体は天から授かったものでも、育った環境と本人の努力も、多かれ少なかれ影響していると私は考えます。

ギフテッドの定義とは？

では、どのような才能を持つ人をギフテッドと定義するのでしょう？　実をいうと、世界的に統一された定義は存在せず、アメリカだけをみても、連邦政府、各州政府、また各組織によるギフテッドの定義が存在します。また、ギフテッド・チルドレンが通う私立の学校の多くが、独自の定義と評価方法を持っています。

たとえば、米国連邦政府の定義は、1972年に議会へ提出された「マーランド報告書」に初めて記載され、数々の変更を繰り返し、現在の定義は「初等中等教育法、落ちこぼれ防止法」に記載されていますが、それによると、

「**ギフテッドとは、知性、創造性、芸術性、リーダーシップ性、または特定の学問での偉業を成し遂げる能力がある個人を指す。**また、その能力を開花させるために特別なサポートを必要とする個人を指す」

とされています。

また、前出の全米天才児協会による定義では、

「**ギフテッドとは、例外的な論理能力と学習能力の才能を持つ個人を指す。**分野は大きく分けて二つあり、一つは言語化・記号化された分野（数学、音楽、言語等）と、二つめは感覚運動能力の分野（絵、ダンス、スポーツ等）がある」

となっています。

ギフテッド教育心理学の研究者として有名な、モントリオール大学のフランソワ・ガニエ教授は、次のように定義しています。

「**ギフテッドとは、未訓練かつ自発的に表に出る自然な能力のことを指し、**最低でも一つ

の分野で同じ年齢の子どもたちと比べ上位10％に入る能力を持つ場合、ギフテッドと定義される」（＊10）

このように様々な定義がある中で、私は、ガニエ教授の定義にある、〝未訓練（untrained）〟かつ〝自発的（spontaneous）〟という言葉に注目しました。

冒頭で述べた通り、そもそも、親の遺伝子なども影響はすると考えられてはいるものの、ギフテッドというのは、天から授かった、という意味があるので、正解を１００個記憶する能力があり、暗記式テストで１００点満点がとれる子どもは、天才児というよりも、努力型の秀才児となるわけです。

そうではなく、誰にそうしろと言われたわけでも、期待されたわけでもなく、内から自然に、生まれつき湧き出る能力をギフテッドと言うのです。

ひとつの分野で突出しているだけでよい

また、能力の分野をまとめると、

・知性
・創造性

・芸術性
・リーダーシップ
・特定の学問
・運動能力

の6分野になります。それぞれの分野がどういった特徴を持つのか、をまとめたものが、表1です。

これを見て、いわゆる「よくできる子」の当たり前の資質のように感じる方もいるかもしれません。あくまでこれは、表面的なカテゴリーですが、これらの六つの分野でどれか一つでも、同年齢の子どもと比べて、極めて特異的な能力を発揮する（上位10％に入る）という証拠を持つ子どものことを、ギフテッド・チルドレンと呼ぶのです。

天才児というと、レオナルド・ダ・ヴィンチのように多岐にわたる分野において完璧なイメージがあるかもしれませんが、多くの場合そうではなく、どれか一つの分野である、ということがキーワードとなっています。例外的なケースでは、「2倍例外的ケース（2E、twice exceptional）」と呼ばれ2つ以上の分野で高い能力を持つ子どももいます。

表1　ギフテッドの６分野

①知性

・抽象的概念を理解する
・複雑な方法で情報を処理する
・観察力が鋭い
・新しいアイデアに興奮する
・仮説をたてるのを楽しむ
・学ぶのが早い
・語彙が豊富
・なんでも知りたがる
・物事を自発的に始められる

②創造性

・一人で物事を考えられる
・口語及び文章で、独自の意見を披露できる
・与えられた課題に対して複数の解決策を打ち出す
・ユーモアのセンスがある
・ものを作り、発明する
・クリエイティブな課題に対して興奮する
・即興で問題に対処できる
・他者と違うことを気にしない

③芸術性

・空間把握能力に非常に長ける
・ダンス、演劇、音楽などで自己を表現する能力が非常に高い
・バランスのとれた感覚
・クリエイティブな表現力
・独自の作品をつくることにこだわる
・優れた観察力

④リーダーシップ

・責任を理解する
・自分と他人に対して厳しい
・流暢で明確な自己表現能力
・物事の選択に対しての結果や意味合いを予知する
・決断力がある
・組織、チームが好き
・仲間に好かれる
・自分に自信がある
・整理整頓能力がある

⑤特定の学問

・優れた記憶力
・発達した理解力
・基礎的な知識を素早く習得する
・特定の興味のある分野に関しての幅広い読書
・特定の興味のある分野での優れた学業の功績
・情熱と根気を持ち、特定分野で邁進する

⑥運動能力

・難しいアスレチックな技などに興奮する
・運動における正確性、緻密性がある
・様々な体育の活動を楽しむ
・優れた運動神経
・優れた操作能力
・高いエネルギーレベル

＊全米ギフテッド&タレンティッド・ソサエティの分類による。（＊11）

ギフテッド・チルドレンに共通する特徴

異なる分野で同じ特徴が記載されていることに気づいた方もいらっしゃるかもしれません。たとえば、素早く物事を習得する能力や、優れた自己表現力などです。このように、どの分野であっても、ギフテッド・チルドレンに共通する特徴があります。それは、たとえば、

1 物事を学ぶのが早い
2 非常に優れた記憶力
3 ニュアンス、メタファー、そして複雑な概念を理解するのが早い
4 小学校に入る前から読み書きが出来ることが多い
5 非常にセンシティブ
6 幼い年齢から理想主義かつ正義感にあふれる
7 長い時間、集中していられる
8 深い質問をする

9　ビビッドな想像力（多くの場合、空想上の友達が幼少期にいる）がある
10　ユーモアのセンスがある
11　問題を解くのが大好き（パズルなど）

等が挙げられます。

また、学校の成績に関していえば、オールAを取る子も多い一方、普通の教室形式での授業に退屈してしまう子も多く、テストを受けるスキル（穴埋めテスト、単語暗記など）を持ち合わせていないこともあり、**必ずしも成績にギフテッドネスが反映される訳ではないのも事実**なのです。（＊12）

IQが高い子の脳はどこが違うのか

脳科学的観点からも、面白い発見があります。２００６年に、国立衛生研究所の組織の一つである国立精神衛生研究所が「ネイチャー」誌に発表した論文によると、高いIQ（知能指数）を持つ子ども（１２１から１４５を指す）の脳の構造は、そうでない子どもと大きく違うことが、３００人以上の６歳から19歳までの子どもを対象としたMRIを使った

調査で分かりました。

例えば、**前頭前皮質の厚さを見てみると、幼い年齢では、驚いたことに、ＩＱの高い子どもの方がそうでない子どもよりも薄い**と言います。そして、普通の子が8歳ほどで厚みのピークに達するのに対し、ＩＱの高い子は12歳でピークに達するということが分かりました。そして皮質がピークの厚さに達した後は、成熟プロセス（薄くなっていくプロセス）に入るのですが、ＩＱが高い子どもの成熟プロセスは、ピーク前とは逆に、そうでない子と比べて早いペースで起きるということです。前頭前皮質は、複雑な認知行動を計画、実行し、整理整頓能力や人格形成などにも関わってくる場所だと言われています。

ＩＱが高いからといって、単純に皮質や前頭葉自体が大きいという訳ではなく、その発達のペースに違いがあるということは、当時の研究者の間では大きな発見でした。これは何を意味するかというと、ＩＱが高い子どもの前頭前皮質の方がより可塑性と変動性を持っているということです。また、成熟するのが遅いということは、それだけ複雑なレベルの認知回路を脳に構築するチャンスが多く与えられているのではないか、と言われています。（＊13）

ギフテッド・チルドレンの多くが、周りから「問題児」と誤解され学校では評価されにくいことの一つに、この大脳皮質の成熟プロセスの違いがあるのかもしれません。7歳のギフテッドの場合、そうでない子の皮質よりも薄いので、整理整頓能力や、計画を綿密にたてて実行する能力などが相対評価したときに劣るのかもしれないわけです。ギフテッド・チルドレンの多くが、非同期的な成長（精神面、知力面、体力面などにおける成長がバラバラなこと）を遂げると言われているのも、この所以なのかもしれません。

ギフテッドネスの判定方法

ここまで読んできて、「では、どうやって客観的にギフテッドかどうか判定するの？」「結局、ＩＱなのか？」と疑問に思われた読者もいらっしゃるでしょう。

実は、ギフテッドネスの定義がさまざまであるように、ギフテッドネスの判定方法も、ＢＭＩ数値での肥満型や痩せ型判定や、全国統一試験の合否のように、画一化された絶対値で評価するシステムができあがっているわけではありません。

それがギフテッドネスの本当の意味を一般の人に理解してもらう上での大きな障害になっているのも事実ですが、一方で、査定方法が多様に存在しているというのは、ある意味とても面白いことなのです。

学問としてのギフテッド教育は50年ほど前に米国で確立され、ＩＱテストなどの絶対的なデータによる審査も繰り返されてきました。しかし、現在では、一つのデータ（例：IQテストで130点以上ならギフテッド、など）に頼る査定方法は、間違っていると考えられています。

なぜなら、**ギフテッドネスとは、子どもを総合的に理解して初めて分かるものであると考えられている**からです。それぞれに個性がある子どもを、型に当てはめた方法で評価することが果たしてできるでしょうか。

英語では、型に当てはめた大量生産的手法のことを〝クッキーカッターのような〟という言い方をしますが、これはクッキーカッターで同じ形のクッキーを大量に作れる様から派生した表現方法です。教育、ましてや幼児教育に、型抜きクッキーの手法は使われるべきではありません。

そこで現在では、ギフテッドの査定方法としては、大きく分けて以下の2つの方法が使われています。各々の専門家や学校により、どの手法をとるか、どこに比重を置くかは変わってきますが、大まかなフレームワークは以下の通りです。

①定量的方法（成績、IQテスト等の点数など）
②定性的方法（QAメソッドなど）

進化する知能テスト

①の定量的方法とは、生徒の成績や、様々な知力を測るテストの点数で評価する従来の方法です。とはいえ、この定量的方法も、近年大きな進歩があります。

これまで、知力テストで一番有名なのは、スタンフォード・ビネーテストや、ウィスク・テストなどのいわゆるＩＱテストでした。これは大きく分けて、パターン認識などのパートと、単語能力を問うパートに分かれます。

しかし、多様な文化的背景で育ったバイリンガルやトリリンガルの子どもの場合、このＩＱテストを６歳や７歳で受けても、正当に能力は評価できないと考えられています。なぜなら、バイリンガルの場合、二つの言語がネイティブレベルに到達するのに時間がかかり、だいたい10歳頃に単言語のみのネイティブの子どもと同じ単語レベルに達するのだそうです。（＊14）このようなことから王道のＩＱテストを使った評価方法は、現在はあまり注目されなくなってきています。

それに代わって台頭してきたのが、英単語能力を必要としない知能テストです（英語では、Non-Verbal Cognitive Test といいます）。その中でも幅広く導入されているのがＣｏｇＡ

図2　TestPrep-Onlineに掲載されている、NNATテストのサンプル（＊16）

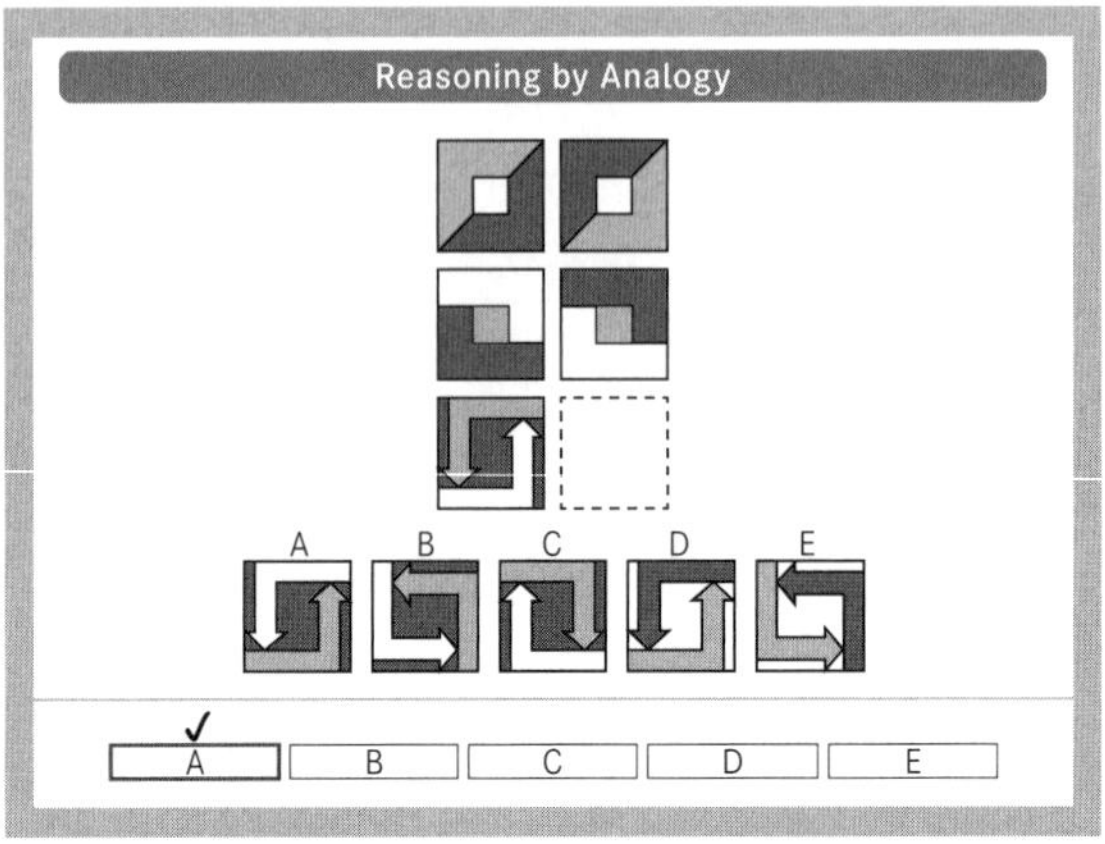

英語が分からなくても、異文化で育った子でも、考える力さえあれば誰でも解ける問題形式。問題は全部で約50問で、個人で受けることはなく、基本的には学区が心理学者を雇い、学校全体で受けさせることが多い。

T（認知力テスト：Cognitive Abilities Test）と、NNAT（ナグリエーリ非言語テスト：Naglieri Nonverbal Abilities Test）という2種類のテストです。

どのテストも改善点はあるものの、多くの学校や学区の教育委員会がこのテストを取り入れて、ギフテッド・チルドレンの発掘をしています。基本的には97％以上のスコアをとった生徒がギフテッドと学区レベルで認定され、特別なプログラムに通えるようになるケースが多いようです。

英語が話せない車上生活者の子も発掘

ＮＮＡＴの開発者であるジャック・ナグリエーリ教授の著書『Helping All Gifted Children Learn』（＊15）にある、一人の天才少年の話は象徴的です。

ある公立小学校の４年生の教室に、ジャイロという少年がある日転入してきました。ジャイロの母国語はスペイン語で、英語は全くしゃべれません。ジャイロは今まで学校に通ったことがなく、また彼の家族には家がありませんでした。寝泊まりをしているのは、両親が持つ自家用車の中です。

そんな彼が転入してきて２日目。ほとんど口をきかない彼が、小さな声で、"I griega"とつぶやきました。これはスペイン語で『Y』のことです。先生はその後、ジャイロが黒板に書かれていたアナロジーの答えを言っているのだと気がつきます。

13：25=M：＿

Mがアルファベットで13番目なので、25番目はYだ、という論理的な推理のことをアナロジーと呼ぶのです。

全く英語がしゃべれず、アナロジーの手法や教室での授業形態もあまり知らないジャイロが、正解を述べたことに、先生は驚きを隠せませんでした。彼がアナロジーを解くということは、黒板に注意を払う観察力や、点と点を結び関係性を発見する能力があるということだからです。

それから数週間後、ジャイロはNNATを受けることになるのですが、その結果、彼は全問正解していることが判明しました。ジャイロは正真正銘のギフテッドだったのです。ジャイロのような生徒は、普通のIQテストでは真の能力は発揮されません。英語が読めず、喋れないからです。

定性的評価の手法とは

では、次に、QA（Qualitative Assessment）メソッドと呼ばれる定性的方法には、どのようなタイプがあるのでしょうか。実は、私が一人の親として、また心理学を学んだ者として一番共感したのは、定性的な評価方法なのです。

自分自身が就職活動をしていたときも、また、経営者として面接官の立場になっても思うことですが、最終的に内定が出る、出ないは、面接での相対的なやりとりによって決まります。大学時代の成績や、ＧＭＡＴ（ＭＢＡ受験をするとき必須の全国統一試験）の点数などは全く評価基準に入りませんし、そもそも聞きもしません。それと同じことが、子どもの評価にも言えるからです。

定性的手法の一番の特徴は、専門家が対象となる子どもと実際に40分ほど時間を共にして一緒に遊び、話をすることで（面接ではない）、その子どもの論理的思考能力、表現力、優先順位の立て方、遊び方、等を総合的に理解できるところです。

また、事前に両親から何枚にもわたるレポートを提出させます。具体的な証拠やデータを書かなければならないもので、その内容を合わせて判断します。ギフテッド・チルドレンの可能性を最初に発見するのは、ほとんどの場合その親という事実がありますが、その背景に基づく手法だと言えます。

この手法を編み出した専門家の代表的存在なのが、ミシガン州にあるギフテッド専門の私立校、ローパー・スクールを立ち上げたアンマリー・ローパー博士です。ローパー氏は、オーストリア出身のユダヤ人で、ウィーン大学医学部に最年少で入学し、フロイトのもとで児童心理分析を学ぶことを認められていたのですが、戦争が始まり、第二次大戦中にアメリカに亡命してきました。

亡命後、自身でこのQAメソッドを開発し、ローパー・スクールを1941年に夫婦で設立。数々の功績を残し、1989年には全米天才児協会の理事長賞を受賞しました。

このローパー・スクール、卒業生を見てみると、例えば2014年ソチ冬季オリンピック・アイスダンス金メダリストのチャーリー・ホワイト選手や、オバマ大統領から若手起業家カテゴリーにおける「チェンジチャンピオン」賞をもらった著名起業家のジョッシュ・リンカー氏などがいます。（＊17）

ローパー博士が2012年に亡くなった後、彼女に指導を受けていた何人かの専門家がローパー式QAメソッドを受け継いでいます。その一人が、全米天才児協会のグローバル・アウェアネス・ネットワークの代表をつとめるアン・ベネベンティ氏です。アン氏は今までに3校のギフテッド専門の私立校を設立した経歴の持ち主で、現在はシリコンバレーにあるギフテッド校ヘリオス・スクールのQAメソッドを担当しています。

ギフテッド認定のためのQAメソッドとは

私は、今回そのアン氏に協力してもらい、定性評価を受けギフテッドと認定された7歳のお子さん（ここではネイト君と呼びます）を持つ、親御さん（以下、ネイト母）にその詳細について聞くことができました。以下、簡単にその時のインタビューをご紹介します。

――申し込んでから、実際にどのようなことをしたのですか？

ネイト母：審査を申し込んでからすぐに返事が来ました。そして事前に記入してください、と七つほどの添付ファイルが送られてきました。内容は全てネイトに関することで、膨大な量で、全て記入するのに２、３時間ほどかかり、終わったのは夜中です。大変なものでした。

――査定当日の話を聞かせてください。どんな状況で進められたのでしょうか？

ネイト母：アンは定刻通りに我が家に来てくれました。事前に、ネイトにはただ、アンという人が来るから一緒に遊びましょうということだけ伝えておくようにと指示があったので、それ以上のことは一切言いませんでした。アンは笑顔で、荷物は何も持っていません。すぐにネイトとのプレイタイムが始まりました。アンは決して、「パズル一緒にやらない?」や、「ピアノひいてみようか」等と声をかけずに、息子が主体的に遊ぶところをただただ、眺めて、観察し、質問し話しかけるというスタイルでした。

——どんな質問をしていたのでしょうか?

ネイト母：本当に会話の流れに沿った質問ばかりです。例えば、「このレゴのピースは誰が作ったの?」「あなたのお姉さんの名前はなんて言うの?」「学校楽しい?」「先生はどんな人?」等です。試験内容のような質問は一切ありません。

——他に何か印象に残ったネイト君とアンのやりとりはありますか?

ネイト母：そうですね。誕生日パーティーに誰が来たか教えてって聞いていましたね。多分、ネイトの記憶力を試していたのかな、と思います。あと、今通っている学校で何をやっているかという内容の質問は多かったと思います。残り10分くらいになって、アンがネイトに「ピアノ一緒に弾こうか」と声をかけてくれて、ネイトがピアノを披露していました。

――プレイタイムが終わった後、何かありましたか？

ネイト母：別の場所で、すぐに診断結果発表の時間が設けられました。私とアンだけで2時間くらいかけて話したでしょうか。診断は、事前に私たちがアンに送付していた書類やアンケートの回答、親へのインタビューやネイトとのプレイタイムで分かったことをベースに、総合的に行われています。

――差し支えなければ結果を教えていただけますか？

ネイト母：息子はギフテッドと認定されました。まだ息子は幼いため、自治体が実施するＩＱテストなどは受けられないのですが、定性評価という枠組みにおいてはギフテッドということです。その評価には、ギフテッドネスの特徴をどれだけ持ち合わせているかの評価、視覚と聴覚に関する評価、行動様式に関する評価、インテンス（激しいところがあるか）と敏感性に関する評価、等が含まれます。

――なるほど。具体的なアドバイスとして何か役立つものはありましたか？

ネイト母：はい。ネイトにはもっと複雑で深いレベルでの学習環境が必要だということでした。また、他者の視点で気持ちを汲み取る能力などがまだ足りないということで、学校が親身になって生徒間の社会性を育ててくれる環境が大事と言われました。具体的には少人数制の学校で、休み時間なども先生が生徒たちの遊ぶ様子を観察して、指導してくれるようなところです。

――面白いですね。ちなみに、評価自体いくらかかったのでしょうか。また、アンの評価の中立性などはいかがお考えですか？

ネイト母：アンにはコンサルテーション料として合計500ドル払いました。私としては、ネイトのことを専門家に総合的に評価してもらうことに非常に意味がありました。色々なパズルのピースが一つにつながった感覚もありました。ああ、だからネイトはこういうことをしていたんだな、言っていたんだな、って。ですので、アンが薦める学校を受験したい人以外にも私はおすすめしています。

――中立性に関しては、何か疑問に思うことはありましたか？

ネイト母：彼女が事前に送ってきた書類の内容、評価方法やレポート内容を読んでいると、本当に生徒一人一人を見て書かれていることが分かります。彼女自身、学校から派遣されているのではなく、独立した専門家として活躍している人です。また、彼女がかかわっている学校もギフテッドではない子どもを招き入れることのリスク、例えば周りの生徒へ与える影響やモラル低下の恐れなどが大きいので、特に少人数制の私立学校の場合、たくさんの人に受験してもらうことよりも、質のよい、校風に合った生徒に受験してもらうことに対するインセンティブの方が高いと考えています。そもそも、(学校の収入に対して）受験料など微々たるものなので、そこで母体数を無闇に増やそうという考えは論理的ではないな、と親として感じています。ですので、中立性に関して、私は一切不安はありませんでした。

以上が彼女のインタビューですが、私が彼女と話していて感じたのは、親として非常に定性的評価法に関して満足しているということです。

５００ドルを高いと思うか安いと思うかは個人次第ですが、私自身は５００ドルで自分の子どもの知らない側面が専門家の目によって発見されるのであれば、ましてやそれが、ギフテッドに関する重要なことなのであれば、決して高くはないように思いました。

定性的評価の中立性は？

ただ、このインタビューで出てきた「ギフテッドネスの評価方法の中立性」に関しては、いろいろな意見もあります。

というのも、私が今回、ギフテッド・チルドレンを抱える親御さんたちと話す中で、だいたいの場合イニシアティブを取るのはお母さんで、お父さんの方は特に最初は懐疑的だった、という話をよく聞きました。

後で紹介するギフテッド専門私立校のヘリオス・スクールでも、そういう親御さんに会いました。「私の夫は、ギフテッドというコンセプト自体の客観性や科学的根拠に疑問を抱いていた。でも、息子がヘリオスに通い始めて、今までとは全く別人のように輝く姿をみて、夫も納得した」というような話です。確かに、定性的方法でのギフテッドの評価については、懐疑的な人がいるのも事実です。

ただ、定量的方法（知能テスト等）で一定のスコアを取ったからと言って必ずしもギフテッドとは限らないし、その逆に、知能テストでは見落とされてしまう子どもが多くいるというのも先ほど述べたように事実なのです。

統計学用語でいうところの、フォルス・ネガティブ（検出漏れ。ギフテッドなのにギフテッドと発見できないこと）が多く、それによって失われる可能性は大きいのです。それに比べて、フォルス・ポジティブ（誤検出。ギフテッドではない子をギフテッドと判断してしまうこと）のリスク、またそれによって失われる可能性はどれほどのものでしょうか。

もしあなたが親だった場合、フォルス・ネガティブのリスクとフォルス・ポジティブのリスク、どちらを避けたいでしょうか？ どの手法にも完璧なものはないと思います。だからこそ、親が我が子に一番合っていると信じる手法を、金銭的要因、避けたいリスクなどを複合的に考えて、選ぶべきでしょう。

本書では、読者の皆さんが簡易的に行えるギフテッド診断テストを、巻末に収めましたので、気軽にチャレンジしてみてください。

第3章　ギフテッドを埋もれさせない！

ギフテッド教育の最先端をいく米国では、ギフテッド・チルドレンを発掘し、育成し、また社会での認識を高め、その価値を広めるための様々な組織があります。中でも一番歴史が古く、大きな組織が全米天才児協会です。

全米天才児協会は１９５４年に創設された団体で、この協会の目的は、以下のようになっています。

「全米天才児協会は、ギフテッドな子ども、またその可能性のある子どもを持つ親、教師、教育者、研究者、その他の専門家のための協会です。我々のビジョンは、特殊なニーズを抱えるギフテッド・チルドレンが、正しい教育の機会を得られることです。高いポテンシャルを持つギフテッド・チルドレンが世界的に認知され、評価され、育成されることが我々の目的です。子どもの背景に拘わらず、学校という場で教育的、心理的なサポートを受け、大きく飛躍できるような環境作りをすることが大切であると考えます」（全米天

才児協会　2014年度活動報告書より）

社会全体でギフテッド教育を支援

現理事長のジョージ・ベッツ博士は、ノーザン・コロラド大学の名誉教授です。過去35年間、ギフテッド教育に身を投じ、学校、州政府、連邦政府などに対するアドバイザーなどを務めてきました。また、彼の生み出したALMモデル（Autonomous Learner Model, 自主的学習モデル）は、教師主導ではなく、生徒が主体となり学習をしていく基本的手法論として、現在でも多くの教室で導入されています。

また、元理事長のトレーシー・クロス博士は、ウィリアム・アンド・メアリー大学（全米でトップのリベラル・アーツ・カレッジの一つ）の教育心理学の教授で、同校に設立された「ギフテッド教育センター」の理事長でもあります。教授は30年以上のキャリアをギフテッド教育に費やし、その功績は、学校を基盤にしたギフテッド教育の導入方法の開発、ギフテッド・チルドレンの行動様式を分析するために広く実用化されているインフォメーション・マネージメントモデルの開発、また、ギフテッド・チルドレンが社会的に受けるレッテル貼りの影響の分析など、教育学、心理学、そして社会学の多岐にわたる理論を駆使したものがあります。
全米天才児協会のビジョン、そしてクロス博士の研究分野等からも分かるように、ギフテッド教育とは、教育という枠を超えて、社会全体で理解を深め、支援していかなければならないものなのです。それゆえに全米天才児協会の会員も、教師だけではなく、研究者、コンサルタント、親など、様々なキャリアの人が含まれます。

アリゾナ州で開催された天才児協会コンベンションの模様

今回、私は日本人としておそらく初めて、全米天才児協会に入会し、1年に一回開かれる大々的なコンベンションに参加しました。ギフテッド教育が非常に盛んなアリゾナ州フェニックスで開催されたコンベンションには、2500人ものメンバーが全米はいうに及ばず、世界中から集結し、ギフテッド教育に関するあらゆる情報交換をし、見識を深め、メンバーとしての連帯感を強めていました。

フェニックス市長の開会宣言で開始されたコンベンションの目玉は、400近いギフテッド教育に関するセミナーです。各セミナーに講師、またはスピーカーがつき、約1時間色々なトピックで話をします。

トピックとしては、教育関係者向けセミナーと、親御さん向けセミナーに大きく分けられ、ジャンルは、たとえば、アート、テクノロジー&サイエンス、クリエイティビティ、カウンセリング等に細分化されています。

パンフレットの冊子だけで厚さが1センチ以上あるほどで、時間が限られている中、どのセミナーを聞くか、選ぶのに非常に迷いますが、興味深いトピックを学ぶことで、最先端のギフテッド教育の流れを理解することが出来ます。

興味を引かれたのは、プロジェクト「ライトルワンダ」という、トラウマを持つルワンダの孤児をどのように助けて、中に眠るギフテッドネスを発掘していくかという研究発表セミナーや、無料アプリやおもちゃを使ってどのようにクリエイティビティを教えられるかというセミナー、ネイティブ・アメリカンにおけるギフテッドネスの研究、前述の2倍例外的ケース（2つ以上の分野で秀でた能力があるケース）をどのように発掘するか、などがありました。また、たまに混同されるADHD（注意欠陥多動性障害）などの発達障害とギフテッドネスに関する医学的な話をするセミナーもありました。

しかし、どこの誰と話をしても、必ずあがってくるトピックが二つあることに途中で気

がつきました。それが、

・貧困層や、第一言語が英語でない、まだ**ギフテッド発掘作業が十分に行き届いていない層でのギフテッドネスの発掘方法**

・ギフテッド・チルドレンがよく陥る、周りと合わせるために普通の子のふりをする、いわゆる**「ギフテッドネスのスティグマ（烙印）」**

という二つの問題です。

才能は平等だけれども、機会は平等ではない

日本でも、貧困層における教育格差はよく問題として取り上げられています。東京大学が毎年発表している、『学生生活実態調査』によると、２０１４年の時点で、過半数以上にあたる55％の東大生の親の年収が９５０万円以上だということが分かりました。（＊18）それを裏付けるかのように、文科省が発表した文部科学白書によると、親の年収が１０００万円以上の家庭の子どもの４年制大学進学率は60％を超えるのに対し、４００万円以下の家庭の場合、進学率は30％ほどにとどまるというデータがあります。（＊19）

このような貧困による教育格差、機会格差は、もちろんアメリカでも大きな問題として

取り上げられ、ギフテッド教育界でも一番の関心ごとといっても過言ではありません。

「才能は平等だけれども、機会は平等ではない」

これは、第62回全米天才児協会のコンベンションで、協会の理事長であるジョージ・ベッツ博士がスピーチで述べた言葉です。この言葉の背景には、アメリカの公教育、そしてギフテッド教育が抱える一番の課題があります。それは、貧困層や黒人、ヒスパニック等のマイノリティの中に存在するギフテッド・チルドレンをいかに発掘し、育てるか、ということで、これはアメリカの連邦政府の重要課題となっているのです。

その背景として、ギフテッドと世間から認識され、育てられているアメリカ人の子どもの大半が、白人とアジア人であるという事実があります。（＊20）

ギフテッド教育界のリーダーの一人である、前出のジャック・ナグリエーリ教授の研究で明らかになったことですが、アメリカでは現在、70万人以上のギフテッド・チルドレンがその才能に気がつかれることなく過ごしているといわれています。これは、国家としても大きな損失となります。**アフリカン・アメリカン（黒人）という切り口で見てみると、なんと約2人に一人のギフテッド・チルドレンが発掘されることがないというデータもあります。**（＊21）

アメリカの公教育の歴史を見てみると、過去の流れを１８０度変えた印象的な一つの最高裁判決があります。

１９５４年のブラウン対教育委員会といわれる裁判で、それまでは公的教育機関を白人と黒人で分けることは合法（separate but equal,「差別ではなく区別」と表現されていた）とする州があったのですが、そのような分別は合衆国憲法に反するという判決が出たのです。この判決以降、アメリカの公教育と人種問題は、切っても切れない関係になっているのです。

よって、ギフテッド教育も同じ流れが考慮され、現在のギフテッド教育界での一番の課題は、マイノリティにおけるギフテッド・チルドレンの発掘と、異文化で育ったギフテッド・チルドレン（バイリンガルを含む）の認定方法なのです。

子どものポテンシャルを受け入れられない親もいる

両親の教育や収入レベルに関係なく、どの社会にもギフテッド・チルドレンは存在すると言われていると述べましたが、それがどれだけ発掘、認識されているかというと、話は別です。

ギフテッド・チルドレンのほとんどが、その親によってまず初めに見極められます。そして親が色々な専門家や教育機関と話をし、その芽を育てていくのが一般的な発掘、育成方法です。ですから、第一に、親がギフテッドの存在を認識している必要があり、子どもが一日の様々なシチュエーションで見せるギフテッドの片鱗を見抜く洞察力がないといけません。

しかし、貧困層の親の多くは教育レベルが低く、ギフテッドに関する情報に触れておらず、そもそもギフテッドが何なのか、知らない人が多いのです。また、州政府や教育機関が、後で述べる様々なギフテッド発掘プログラムを通して貧困層のギフテッド・チルドレンに連絡をしても、親が子どものポテンシャルを認めずに否定的な態度を取ることも多いのです。

『The Smartest Kids in The World: and how they got that way』（＊22）という本に登場する、キムという女の子がいます。キムは、アメリカ中西部のオクラホマ州で生まれ育ち、今まで州外すら行ったことがない少女でした。彼女が12歳の頃、英語（日本でいうところの国語）の先生が、「オクラホマシティーにＳＡＴを受けに行きなさい」と言ったことで、彼女のギフテッドの芽が育ち始めます。ＳＡＴというのは、アメリカの高校生が大学受験の際に受ける全国統一試験のことなので、もちろん当時12歳のキムは、「なぜ私が？？」と思いました。

実は、ギフテッド教育で有名なデューク大学が行う中学1年生を対象とした「タレントサーチ」という全国に眠るギフテッド・チルドレン発掘プロジェクトに、彼女がひっかかったので、大学側が彼女の通う中学校に連絡をとってきたのです。その結果、彼女は全国の高校3年生の平均値よりも40％も高得点を取得し、大学が主催するギフテッド・チルドレンのためのサマースクールに招待されるのですが、彼女の母親は首を縦にふることはありませんでした。

というのも、キムのお母さんは離婚調停のまっただ中で、シングルマザーとして一生懸命働く中で、私立大学が運営する高額のサマースクールの学費なぞ到底払える訳がなかったからです。

結果的にキムは、サマースクールを諦めますが、高校生のときに奨学金を勝ち取って、単独でフィンランドへ留学し、その先の人生を変えていきます。

彼女のように、**優秀なプログラムに招待されても、経済上の理由などで通えない、親が認めないなどのケースは非常に多い**のが実情です。

貧困層の中学生を発掘する2週間プログラム

さて、ギフテッドの生徒のためにはどんなプログラムが用意されているのでしょうか。そもそも、全米に眠るギフテッド・チルドレンを発掘する「タレントサーチ」とはどのように行われるのでしょうか？

私が天才児協会のコンベンションで出会った教育者の一人に、ダーリーン・ドッキーという女性がいます。彼女は、天才児協会元理事長であるトレーシー・クロス博士のもと、博士号を取得中の学生であり、キャンプ・ローンチのアシスタントディレクターです。キャンプ・ローンチ（＊23）は、全米でもギフテッド教育において有名なウィリアム・アンド・メアリー大学が２０１２年に始めた「貧困層のギフテッド・チルドレン発掘プログラム」です。プログラムの内容としては、バージニア近辺に住む世帯年収が４万５０００ドル以下の貧困層の優秀な中学生を対象に、２週間の様々なアカデミックなプログラムを無償で提供するサマーキャンプです。２０１４年のキャンプには、トータルで70人の優秀な生徒が参加しました（キャンプ・ローンチが発表したパンフレットによる）。

金銭的な問題を抱える優秀な生徒への奨学金で広く知られるジャック・ケント・クック財団（＊24）から毎年25万ドルの補助金をもらい成り立っているこのプログラムの面白い点は、参加者は２週間、ウィリアム・アンド・メアリー大学の寮に泊まることです。私が16歳の頃、単独でアメリカ留学した先も全寮制の学校だったのですが、２週間とはいえ中学生が親元を離れることは大きな意味を持つでしょう。

全米教育統計センターのデータによると貧困層の生徒にとって、サイエンスと数学が特に苦手分野となっているため、STEM教育（Science, Technology, Engineering, and Math の頭文字）と、論文を書く授業に力を入れ、トータルで60時間の授業を提供しています。

貧困層の子どもは、自己効力感が弱い？

心理学用語で、自己効力感（Self-efficacy）という言葉があります。

よく耳にする自尊心（Self-esteem）とは少し意味合いがちがい、望ましい成果を出すために必要な行動をどれだけ自分が取ることができるかについての判断能力を指します。（＊25）自尊心は自己全体に対する恒常的な評価であり、自己効力感は、ある具体的なシチュエーションや課題に対する自分の能力の評価です。

ウィリアム・アンド・メアリー大学のミー・ヨンキム博士によると、**貧困層の子どもは育った環境や社会的要因により、失敗から素早く回復し、挑戦し続ける姿勢が育ちにくい**と考えられています。

逆境から這い上がる精神的タフさこそが、満足のいくキャリア形成能力につながると考えられているのですが、自分のキャリアをどう構築していくか、自分にどれほどキャリアに関する良い選択をしていく能力があるか、という意識を反映する自己効力感が、貧困層の子の方が結果的に低くなりやすいというのです。そのため、キム博士が先導して、キャンプ・ローンチでは、「自己の理解」「社会への理解」「高等教育とキャリア志向」などのプログラムも導入しています。

ダーリーン・ドッキー氏（右）と著者

ダーリーン・ドッキー氏によると、このプログラムで一番大変なのはやはり優秀な生徒を発掘するプロセスだということです。州が義務づけている全国統一テストのスコアを取得し、トップ10％に入る生徒をまず抽出します。そして、その生徒が通う学区の教育委員会にコンタクトを取るのですが、ギフテッド教育に対して理解がない教育者も少なくなく、「説得するのに苦労する」と言っていました。

民間の財団がこのようなプログラムを補助金を通して支援し、ウィリアム・アンド・メアリー大学の博士課程にいる学生が、夏休みを削って2週間、様々な形で貧困層の優秀な生徒の将来のために時間を割くということに、驚きを禁じ得ません。民間財団、大学、地域の公的教育機関が一丸となり、貧困層のギフテッドの種が土の中に埋もれてしまわないように必死に水をやり、育てているこのモデルは、日本でも導入可能なのではないでしょうか。

才能を隠そうとするギフテッドたち

もう一つ、貧困による格差と並んで、ギフテッド教育業界での大きな関心ごとは、**ギフテッド・チルドレンが社会的に受けるスティグマ（烙印）の問題**です。これは、全米天才児協会元理事長のトレーシー・クロス博士の専門分野でもあります。今回私はクロス博士から、彼の研究内容に関して色々と伺うことができました。

ギフテッドというと、皆さんも「周りよりも秀でていて」「周りのロールモデルになるような存在で」、「モチベーションを高く持ち、成績優秀で」、「家族に評価される能力を持っていて」、「精神的に大人びていて」、「助けがなくても成功できるような才能の持ち主」というような、ドラえもんの出来杉君のような子どものイメージを持っていませんか？

それとも、ギフテッドと聞くと、ちょっと周りと違う変人タイプを思い浮かべますか？

クロス博士によると、前に挙げたような形容は、全部よくありがちなギフテッド・チルドレンに関する誤解なのだそうです。実際、ギフテッドは本当に多種多様なタイプの子どもがいるため、パターン化するのは難しいのですが、多くの場合、整理整頓能力がなかったり、モチベーションを高く持っていなかったり、恥ずかしがりやで引っ込み思案で目立たない子だったりするのです。（＊26）

また、先ほど少し触れましたが、ギフテッド・チルドレンの多くに見られる特徴として、非同期的な成長が挙げられます。たとえば、普通の12歳の子どもの場合、知覚面、精神面、学力面、社会面、体力面等における成長過程がどれも平均値の中に入ることが多いのですが、**ギフテッドの場合、そのうちどれか一つだけが抜きん出ているけれど、他のものは平均以下、ということが多い**のです。

そういう子の場合、12歳でギリシャ神話を読みあさる読解力がある反面、助手席に誰が座るかで喧嘩をする、というようなこともあるのです。図3の二つの円グラフを見ると、普通の子とギフテッドの子で、いかにそれぞれの成長カテゴリーでのバランスが違うかがよく分かると思います。

図3　（普通の子の）典型的な成長と、（ギフテッドの）非同期的な成長

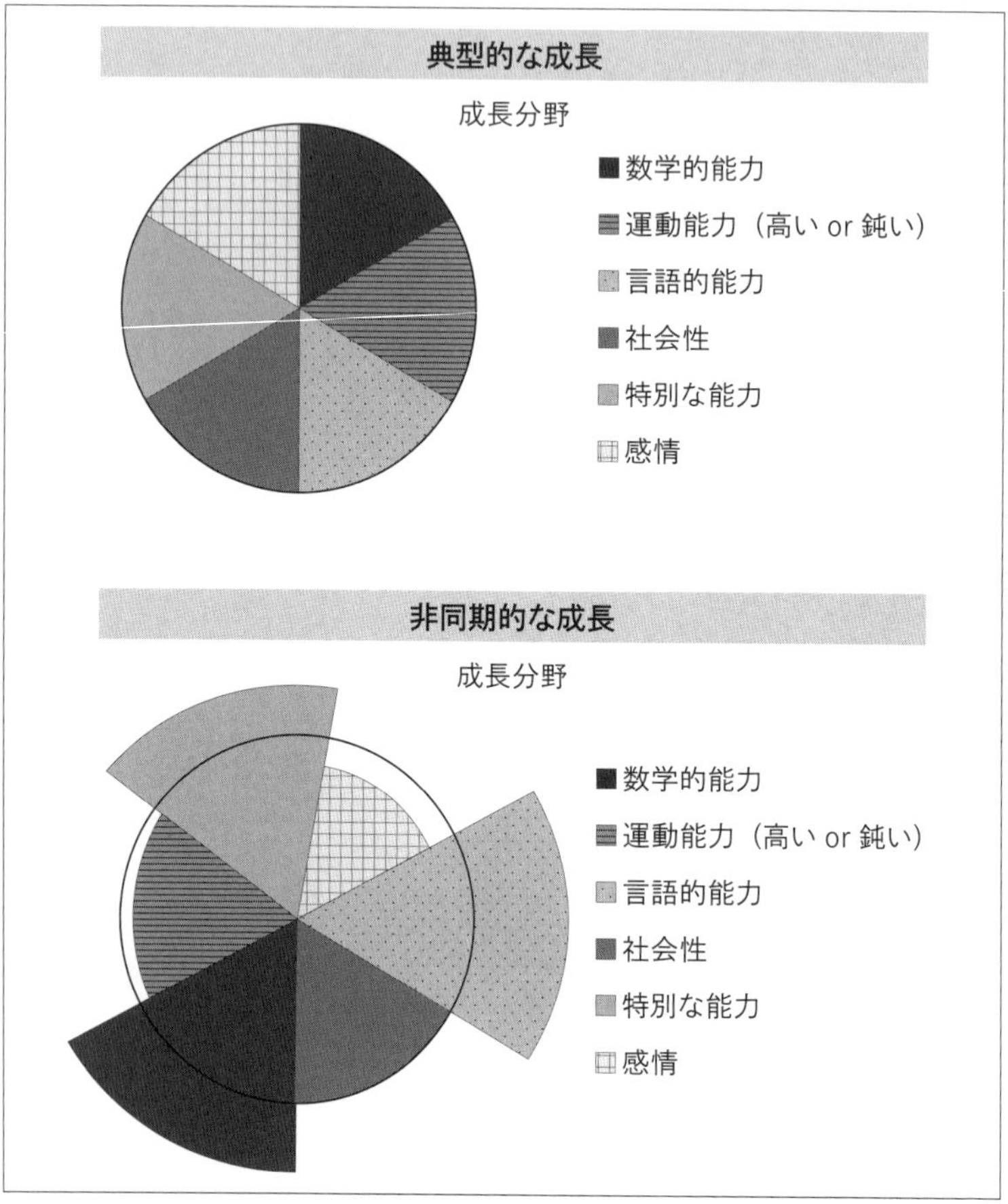

出典：ギルバート・サポーターズ・オブ・ザ・ギフテッドのサイトより（*27）

優秀であることよりも人気者であることを選ぶ

一般的には理解されていない、このようなギフテッドの本質は、実は学校や友達との関係などの社会生活において、ギフテッド・チルドレンに大きな影響を及ぼしています。ギフテッド教育界における研究で社会心理学的観点から大きな功績を残したコロンビア大学名誉教授だった故アブラハム・タネンバン氏は以下のように言っています。

「ギフテッド・チルドレンは、周りの友達、親、先生にどう思われているかによって大きく影響を受けるという研究結果があります。もし周りから精神的におかしい、性格に問題がある、または、クリエイティブ過ぎてエキセントリックだ、というように思われた場合、多くの子は周りに同調することでそのような烙印を回避します。**多くのギフテッド・チルドレンにとっては、成績が悪くても人気があることの方が、成績優秀で社会から孤立するよりも、大事**なのです」（＊28）

このように、冒頭で私が問題提起した日本特有の、〝才能を隠し、その他大勢になっておくほうが無難だ〟とする文化はアメリカにもないわけではないのです。

ただ、私が両方の国を見て、肌感覚として感じるのは、日本の場合は、才能を妬む周りの人を気にして、親自身がそれをひけらかすのが恥ずかしい、という風潮があり、アメリカの場合、ギフテッドをよく理解していない親や教師が、周りと違う子どもを見て、扱いにくい存在とカテゴライズしてしまうことによって起こる問題というように思います。もちろん、親や教師がギフテッドに関して無知であった場合は元も子もないのですが、アメリカでも、学校という場所では周りと違う子はやはり異端児として扱われてしまい、生活しにくい場になってしまうのです。

クロス博士は、以下の様々な方法でギフテッド・チルドレンは周りとのやりとりの方法を生み出していくと考えています。

- 学業不振にする
- ギフテッドではない生徒と仲良くする
- ギフテッドネスを否定する
- 自分に関する情報を操作する
- 静かにしている
- 自殺的行為に走る

私の友人のアメリカ人女性も、この話をしていたときに「私も子どもの頃、テストで満点を取ると先生がみんなの前で発表するのが嫌で、わざと何問か間違えた答えを書いていたの」と言っていました。そして、周りが「テスト難しかったよね」と話していると、本当は難しくなかったと思っていても、そうは言えなかったということです。

周りと同調するために気を遣う

以下は、クロス博士が提示しているギフテッド・チルドレンがどのように周りと同調していくかの選択肢を示したものです。（＊28）

設定：食堂で、あなたのクラスメートが先ほど行われた生物学のテストの話をしていたとします。

トレーシー：あのテスト本当に難しかったよね⁉　筋肉の構造に関しての問題だけで10分以上かけちゃった。

クリス：僕はもう全滅だと思う。すっごい勉強したんだけど……。
マーティン：僕も多分赤点だと思う。

そしてマーティンがジョンに、「君はどうせ勉強なんかしなくても楽勝だったんだろう？」と言ってきたとします。実際には、ジョンは数時間は勉強して準備していたのですが、テスト自体はそこまで難しいものだとは思っていませんでした。あなたがジョンだった場合、どのような返答をしますか？

回答例①
「テスト簡単だと思ったけど」（真実）
回答例②
「多分君と同じくらい勉強したけど、テスト自体はそんなに悪くなかったかな」（融和）
回答例③
「どれくらい君は勉強したのさ？」（回避）
回答例④
「テストっていうのは時には難しいものだよね」（隠蔽）

回答例⑤

「いやあ、本当にあのテストは難しかったよ」（虚偽）

クロス博士によると、この、真実、融和、回避、隠蔽、虚偽の五つの方法で回答できるのですが、それぞれで周りに与える印象が変わってくることは一目瞭然です。

私が高校生の頃、期末試験などのときに周りの子は必ず「全然勉強してないー！」「昨日寝ちゃったよ」と言っていたのですが、そういう子に限って成績が良かったのを覚えています。今振り返れば、それは右で言うところの、虚偽タイプのコメントだったのかもしれません。

ちなみに、私がジョンであった場合は、多分③の回避タイプを選ぶと思います。本当のことを言って周りをしらけさせるのも嫌だし、かといってとっさに嘘も出ないと思うので、そこはさらりと話の方向を変えて、相手の話に持っていくことで、自分のことを話さずにすます、という戦法です。

でも、本当は、そういうことを色々考えるのが面倒くさいので、多分自分と似たような人と付き合って、「君にとってはどうせ簡単だったんだろう？」なんて、探り的嫌味を言ってくる人なんてこっちから願い下げだと思うのですが、皆さんはどうでしょうか？

この話を聞いて、読者の皆さんはどう思われるでしょう？　自分の娘、息子が、周りと合わせたいためだけに、嘘をつく姿を想像してください。私は胸が痛みます。素直に、回答例①のような答えを言ってほしいとは思いませんか？　理想主義と言われるかもしれませんが、本当のことをのびのびとした環境で言えるのが、一番だと思いますし、少なくとも、家庭ではそうあるべきです。

ギフテッドは家庭と学校でサポートがマスト

こういった現実があると知った上で、周りの人間はどのようにギフテッド・チルドレンの同調リスクを回避できるでしょうか。**ギフテッド・チルドレンが周りに合わせていた場合、ギフテッドと気がつかずに一生を終えてしまうことも珍しくない**のです。それは大きな機会の損失につながります。

クロス博士は、以下のやり方で、社会的サポートをギフテッド・チルドレンに施すべきだと言っています。

・ギフテッド・チルドレンも第一に子どもだということを忘れない

・先生、親、カウンセラー間でのコミュニケーションをはかる
・ギフテッド・チルドレンに社会的スキルを教える
・ギフテッド・チルドレンにストレスとの向き合い方を教える
・ギフテッド・チルドレンに学業以外の活動を楽しむことを教える
・学校という場所が、どのような社会環境なのかを理解させる
・個々のギフテッド・チルドレンの性格、ゴール、そして必要としていることを学ぶ
・ギフテッド・チルドレンとその家族のためのカウンセリングを見つける
・他のギフテッド・チルドレンと接する機会をつくる
・適応性のある行動様式を教える

このように、**ギフテッド・チルドレンとは、家庭と学校という二つの社会においてサポートをしていかないと、育っていかないい**ものなのだということはギフテッド教育において非常に重要な前提になっています。

ギフテッド教育というと、どのようにしたらうちの子を天才児に育てられるか？　どうやったらＩＱが高くなるか？　どんな知育玩具がいいのか？　どんな学校に入れたらいいのか？　というような、表面的なトピックだけに関心がもたれがちですが、そこには、

もっと深い事実や闇があり、親が考え方を更新しながら取り組まなければいけない大きな問題なのです。

クロス博士によれば、社会からの孤立がエスカレートして、親にも学校にも評価されなくなり、**自己否定感が強くなった場合、自殺的行為に走ってしまうギフテッド・チルドレンも少なくない**そうです。実際に、現在クロス博士が研究しているのは、ギフテッド・チルドレンと自殺についてだということでした。

なぜ優秀なシリコンバレーの高校生に自殺者が多いのか？

ギフテッドの同調リスクとは話がずれますが、若い優秀な生徒と自殺に関しては、現在アメリカで、特にシリコンバレーでは大きな問題になっています。

実は、アメリカでは、「The Silicon Valley Suicides」といった特集（＊29）が組まれるほど、パロアルト市（スタンフォード大学があるシリコンバレーの中心地）で高校生が次々に自殺する事件がここ数年起きています。

私自身、パロアルトに住んでいるのでよく分かるのですが、カルトレインというサンノゼからサンフランシスコにかけて走っている電車の線路に飛び込むケースが非常に多いのです（日本のようにホームの転落防止柵はありません）。

パロアルト市にある二つの公立高校、パロアルト・ハイスクールとガン・ハイスクールの生徒は、裕福な家庭も多く（近くにはGoogle、Facebook、Appleなどの本社が並んでいる地域です）、75％近くの親が修士号以上を持ち、ガン・ハイスクールはSTEM教育（理数系教育）において全国トップ5に選ばれたほど、非常に優秀な生徒が多く集まることで有名です。ところがこの2校は、全国平均と比べて、過去10年での生徒の自殺率が4、5倍高いことでも有名なのです（2012年のデータによると、アメリカの高校生による全国の自殺率は7・8％です。日本の場合、自殺数トータルで見ると非常に多いのですが未成年の自殺率は約2％ですので、自殺のほとんどが成人によるものと考えられます。＊30）。

2013年度に行われたアンケートによると、**12％のパロアルトの高校生が真剣に自殺を考えたことがある**というデータがあります。（＊29）

実際に、私の周りにもガン・ハイスクールに子どもを通わせている友達がいるのですが、彼のお子さんが高校3年生で大学受験まっただ中の一番忙しくストレスのたまる時期に先の記事が出たので、「大丈夫？」と聞いたら、「あと数ヶ月で一息つけるけど。今年は感謝祭もクリスマスも返上だよ。ただ、何も大きなことが起こらないように、息をのんで祈っているだけだよ」と言っていました。

また、ガン・ハイスクールで明るい普通の子だったという男子生徒が線路に飛び降り自殺をした後、マルタという同じ高校の2年生の生徒がYouTubeに動画をのせました。親たちに向けて訴えている動画です。

「私たち生徒が受けているストレスの量は半端じゃない。いつも、あらゆることに成功しなければいけないという必要にかられている。もし化学のテストでB-をとったとしてもいいじゃない。私は、あなたのためにディベートチームになんて入らない」

この動画は、8万回以上再生されました。

裕福な家庭の子どものほうが不安や鬱になりやすい

裕福な家庭の子どもと自殺に関しての研究で有名なアリゾナ州立大学心理学教授のスンニャ・ルサー博士によると、**平均世帯年収が20万ドル以上の家庭の高校生のほうが、全国平均よりも2、3倍高い確率で不安や鬱を訴え、ドラッグ等の非行に走る傾向がある**というデータがあるそうです。(＊29)

その理由として、ルサー教授は二つの要因が考えられると言います。

一つは、富裕層の子どものほうが**「色々なことに成功しなければいけないプレッシャーが強い」**ことです。

ある研究で、10個の項目のうち、あなたの親が尊重すると思うことを五つ選んでください、というアンケートを生徒に受けさせたものがあります。生徒が選んだ50％は、成功に関するものだったということです（良い大学に行くこと、たくさんお金を稼ぐこと、よい成績を取ること、等）。また、多くの生徒が「誰かがある一つの課題を自分より上手くやった場合、全てにおいて失敗したように感じる」というようなコメントに賛同し、ルサー教授が最終的に、アメリカのエリート家庭の子どもの特徴として、「I can, therefore, I must現象」（出来るのだからやらねばならない現象）と名付けました。最高の成績を取れなければ自分は価値がない人間だと思ってしまうわけです。

それに比べ、ミドルクラスの家庭の子どもは、「スタンフォード大学に進学することも期待されないし、年に20万ドル稼ぐことも求められない」ため、成功に対するプレッシャーが比較的少ないといいます（ちなみに２０１４年度のスタンフォード大学の合格率は５・１％、ハーバード大学は５・９％です）。

もう一つの理由としては、富裕層の子どものほうが、**「親と距離を感じている」**ことが多いということです。自分の親が、精神的にも、物理的にも、自分が必要としているときにいない、と訴えています。

このような極度のプレッシャーに押しつぶされてしまう高校生の悲劇は何もアメリカの裕福な地域特有のものではありません。

日本以上に、進学する大学が一生を左右すると言われている「プレッシャー国家」の韓国では、2011年に、高校生の男子生徒が自分の母親を刺殺し死体を8ヶ月間家に隠していたという事件がありました。男子生徒は常日頃から、母親に「全てにおいて全国トップにならなければいけない」と言われ、少しでも悪い成績を取ると、体罰をうけ、ご飯を与えられなかったそうです。そして、悪い成績を取った事実を隠すため成績をねつ造してしまい、それがばれるのが怖くなり、母親が保護者面談に行くのを阻止するために殺してしまったのです。韓国では男の子に対しての同情が集まり、当初検察側は15年の懲役を求めたのですが、最終的には3年半という判決になりました。(＊22・＊31)

このように、**親の過度なプレッシャーは子どもを知らず知らずのうちに出口の見えない暗い迷路に閉じ込めてしまうことになりかねない**のです。そして、いかに子どもたちが、親により死生観や人生の価値観、自己肯定感を左右されているかを考えると、私たち親が今日から考え直せることが非常に多くあると思います。

ギフテッドの場合も、ギフテッドと他者に認定されたことで過度の期待をし、本当に子どもが必要としていること——家庭の温かみや愛情——を二の次にしていると、悲劇を招くかもしれないのです。

第４章　進化するアメリカの教育

ここまで、アメリカのギフテッド教育の現状についてご紹介してきました。ギフテッド教育の成果もあいまって、アメリカ人には突出した天才が多いような印象を持っている人も多いかと思いますが、一方で、全国民の頭脳の平均値という点ではどうでしょうか？アメリカ人は平均的に世界で頭脳レベルが高いのでしょうか？

ここで、一つのグラフを紹介します。

これは、前述した私が愛読している教育関連書の一つ『The Smartest Kids in The World: and how they got that way』（＊22）の冒頭で紹介されるデータです。

ルガー・オスマンと、エリック・ハヌシェックという二人の経済学者が、50年にわたって18種類もの異なる試験を各国の子どもが受けた結果を統計したものです。そのテストには、例えば有名なピサテストなどが含まれ、世界中の生徒たちが同じ内容のテストを受

図4　50年間の15カ国の生徒のテスト平均値

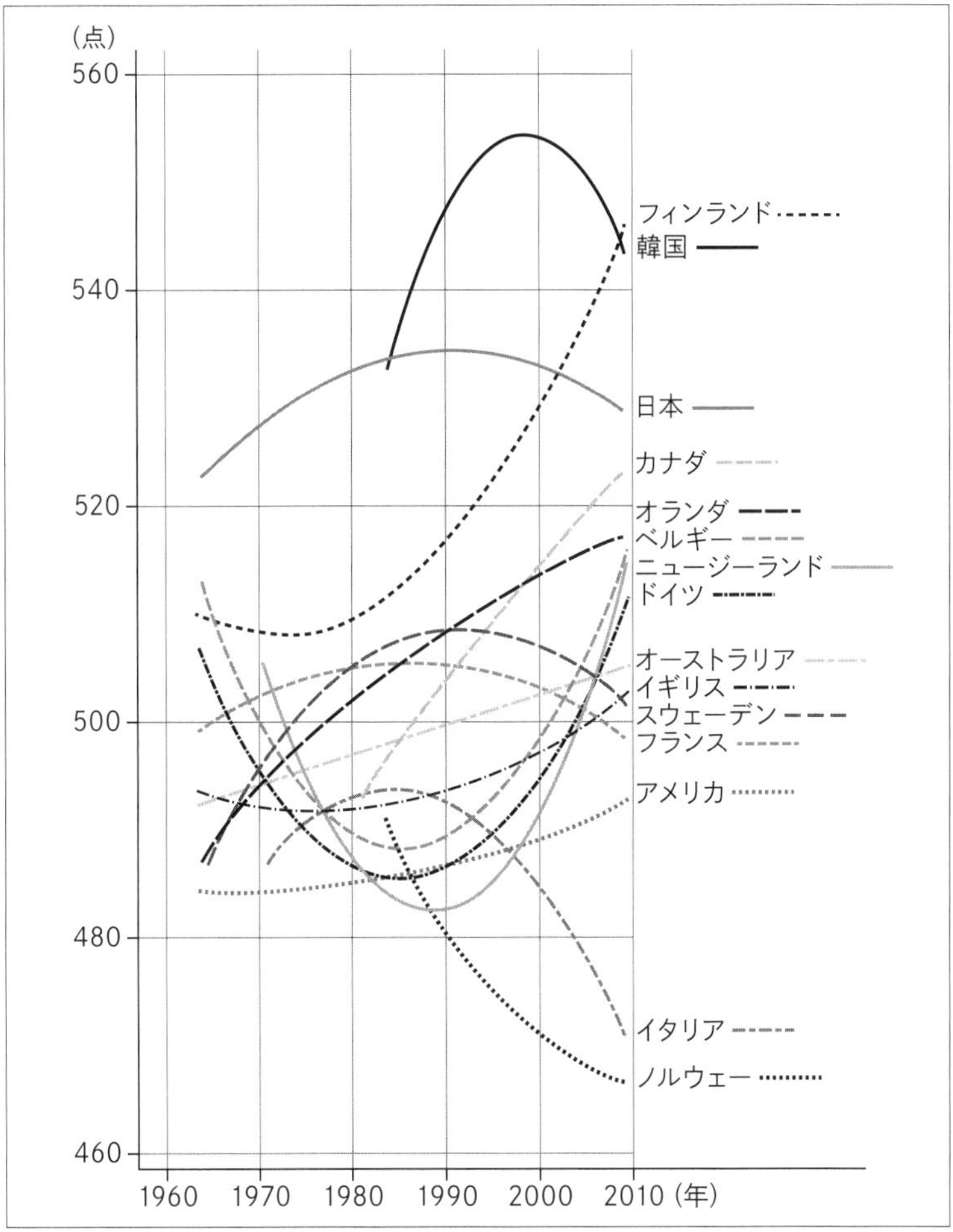

出典：『The Smartest Kids in The World: and how they got that way』（*22）より

け、その結果が分析されています。

アメリカを見てみると、90年代以降、平均値が上がっているものの、未だ15カ国中13位です。２０１２年のＯＥＣＤの生徒の学習到達度調査においても、日本は数学的リテラシー、読解力、科学的リテラシーの3分野すべてで5位前後にいますが、アメリカは未だ20位から30位台を低迷しています。（＊32）

冒頭に紹介した、いかにアメリカに天才が多いかの参考になるデータ（P.28の図1、メンサ・インターナショナルの各国別会員数）と比べてみると、**貧富の差が激しいアメリカですが、実は頭脳の差も激しい、ということが分かるでしょう。**

とはいえ、アメリカでは、学力テスト平均値で見れば世界レベルではまだまだ低いですが、90年代以降、緩やかな上昇に転じています。

これには、後で説明する「落ちこぼれ防止法」などを通じて、アメリカ政府がテストのスコアを底上げすることに尽力する一方で、ギフテッド教育の歩みにより、多くのギフテッド・チルドレンが社会で発掘、育成されるようになっていることも関係するのかもしれません。

実際、アメリカの教育は、少数精鋭のギフテッド教育に注力するか、落ちこぼれをなくして平均値の底上げを目指すほうに注力すべきかという二つの方向性の間で、揺れ動きつ

表2　PISA2012年調査における平均得点の国際比較（上位50カ国のみ）

順位	数学的リテラシー	平均得点	読解力	平均得点	科学的リテラシー	平均得点
1	上海	613	上海	570	上海	580
2	シンガポール	573	香港	545	香港	555
3	香港	561	シンガポール	542	シンガポール	551
4	台湾	560	日本	538	日本	547
5	韓国	554	韓国	536	フィンランド	545
6	マカオ	538	フィンランド	524	エストニア	541
7	日本	536	アイルランド	523	韓国	538
8	リヒテンシュタイン	535	台湾	523	ベトナム	528
9	スイス	531	カナダ	523	ポーランド	526
10	オランダ	523	ポーランド	518	カナダ	525
11	エストニア	521	エストニア	516	リヒテンシュタイン	525
12	フィンランド	519	リヒテンシュタイン	516	ドイツ	524
13	カナダ	518	ニュージーランド	512	台湾	523
14	ポーランド	518	オーストラリア	512	オランダ	522
15	ベルギー	515	オランダ	511	アイルランド	522
16	ドイツ	514	ベルギー	509	オーストラリア	521
17	ベトナム	511	スイス	509	マカオ	521
18	オーストリア	506	マカオ	509	ニュージーランド	516
19	オーストラリア	504	ベトナム	508	スイス	515
20	アイルランド	501	ドイツ	508	スロベニア	514
21	スロベニア	501	フランス	505	イギリス	514
22	デンマーク	500	ノルウェー	504	チェコ	508
23	ニュージーランド	500	イギリス	499	オーストリア	506
24	チェコ	499	アメリカ	498	ベルギー	505
25	フランス	495	デンマーク	496	ラトビア	502
26	イギリス	494	チェコ	493	フランス	499
27	アイスランド	493	イタリア	490	デンマーク	498
28	ラトビア	491	オーストリア	490	アメリカ	497
29	ルクセンブルグ	490	ラトビア	489	スペイン	496
30	ノルウェー	489	ハンガリー	488	リトアニア	496
31	ポルトガル	487	スペイン	488	ノルウェー	495
32	イタリア	485	ルクセンブルグ	488	ハンガリー	494
33	スペイン	484	ポルトガル	488	イタリア	494
34	ロシア	482	イスラエル	486	クロアチア	491
35	スロバキア	482	クロアチア	485	ルクセンブルグ	491
36	アメリカ	481	スウェーデン	483	ポルトガル	489
37	リトアニア	479	アイスランド	483	ロシア	486
38	スウェーデン	478	スロベニア	481	スウェーデン	485
39	ハンガリー	477	リトアニア	477	アイスランド	478
40	クロアチア	471	ギリシャ	477	スロバキア	471
41	イスラエル	466	トルコ	475	イスラエル	470
42	ギリシャ	453	ロシア	475	ギリシャ	467
43	セルビア	449	スロバキア	463	トルコ	463
44	トルコ	448	キプロス	449	アラブ首長国連邦	448
45	ルーマニア	445	セルビア	446	ブルガリア	446
46	キプロス	440	アラブ首長国連邦	442	チリ	445
47	ブルガリア	439	チリ	441	セルビア	445
48	アラブ首長国連邦	434	タイ	441	タイ	444
49	カザフスタン	432	コスタリカ	441	ルーマニア	439
50	タイ	427	ルーマニア	438	キプロス	438

出典：http://www.nier.go.jp/kokusai/pisa/pdf/pisa2012_result_outline.pdf（＊32）

つも進化してきた歴史があるからです。

スプートニク・ショックで火がついたアメリカのギフテッド教育

ギフテッド教育自体は、1920年代頃から心理学者と教育学者の間で研究が続けられてきましたが、アメリカが国として力を入れて支援するようになったのは、1950年代頃からです。1957年10月、ソビエト連邦による世界で初めての人工衛星スプートニク打ち上げ成功のニュースが世界中に流れ、電撃のようなショックを各先進国にもたらしたのが、かの有名な「スプートニク・ショック」です。

アメリカは、今まで自分たちが世界における宇宙開発のリーダーと信じていた自負心を一気に打ち砕かれます。そして、これを機に国家戦略としてSTEM教育（理数系教育）に一気にフォーカスすることになるのです。

そして、スプートニク・ショックで打ち拉《ひし》がれている暇などないと言わんばかりに、翌年の1958年には即座にDARPA（国防高等研究計画局）やNASAを設立するなどして、全面的な宇宙開発競争が始まり、国家防衛教育法が議会を通ります。国家防衛のための教育と言い切っているところにアメリカの意気込みが感じられるのですが、これにより、理科、工学、数学などの理数系の学科や外国語教育などへの財政的支援が増えただけではなく、ギフテッド・チルドレン発掘のための全国レベルでのテストの実施やそれに伴うカウンセラーに関する規定が作られるようになりました。

公教育システムにおけるギフテッド・チルドレン発掘のための様々な取り組みはここから始まります。（＊33）

時代は１９６０年代になり、ケネディ大統領が暗殺され、その遺志を受け継いだジョンソン大統領が、１９６４年に年頭教書で発表した「貧困との闘い（War on Poverty）」の一環として、「初等中等教育法」を通します。これは、後に触れるジョージ・W・ブッシュ大統領が通す「落ちこぼれ防止法（No Child Left Behind Act）」という、ギフテッド教育界に対して、大きな意味をもつ法案の原案です。

この「初等中等教育法」という法律は、帝塚山大学大学院の湯藤定宗准教授によると、貧困層との教育格差を埋めるための教育を、公教育システムを通して行うことが目的の一つとされます。その背景には、社会的貧困があったことと、アメリカの60年代はマーチン・ルーサー・キング・ジュニア牧師が公民権運動を起こし、その後暗殺される時代でもあり、それだけ白人による黒人への差別と偏見がまだ根強く残っていたことが挙げられます。

そして、時代は1980年代にうつり、レーガン政権下、「危機に立つ国家――教育改革への至上命令」という報告書が提出されました。そこには、全米レベルでギフテッドの生徒をいかに育てていくかの重要性が言及されていました。

これ以降、教育は各州の専権事項であるにもかかわらず、連邦政府が課する「高校卒業率を90％まで上げる」などの基準を迅速に導入し、連邦政府と州の連携が強化されたトップダウン型教育改革が広まっていくことになります。（＊34・＊35）

「落ちこぼれ防止法」がもたらした意味

そして2002年、ブッシュ大統領が1965年の「初等中等教育法」の修正法として、「落ちこぼれ防止法（No Child Left Behind Act, NCLB法）」に署名します。これは、湯藤准教授の言葉を借りると、「米国における公教育の伝統的有り様を根底から改変する可能性を有して」いる法律です。

今までは、各州、学区、学校を尊重してきた公教育のシステムですが、**NCLB法に**

より、連邦政府の巨額な予算を分配する代わりに、学校に様々な基準を満たすことを義務づけるものだからです。

日本のように中央政府が全てを管理し、検定済みの教科書の使用を義務づける社会からすれば、「だからどうした？」というレベルの話かもしれませんが、アメリカは基本的には地方分権国家ですので、これは大きな意味合いを持つのです。

例えば、各州は児童生徒間の成績格差に対する、説明責任と結果責任を求められるようになりました。そして年間の教育成果をレポートという形で保護者たちに開示することが義務づけられるようになりました。改善されない学校に通わせたくない保護者にはその権利が認められ、しまいにはそのような学校は閉鎖されることになります。そして、学力テストを実施することを義務づけ（算数と英語）、テストの成果等に一定期間（5年など）内に改善が見られない場合、行政からの指導が入ります。

これは明らかに、飛び級などを促すギフテッド・チルドレンを育てることと矛盾しています。各学校は統一テストの点を改善することが第一優先事項となってしまうからです。玉川大学の髙橋靖直教授によれば、この手法は「ニンジン（という名の補助金）をぶら下げて競わせ、その成果をテストで確認する」ものでした。（＊36）

このＮＣＬＢ法により一時期は最重要事項からは外されてしまったギフテッド教育ですが、今後それは改善していくと思います。事実、２０１５年12月に、オバマ大統領がＮＣＬＢ法の修正案である「The Every Student Succeeds Act（全ての生徒が成功する法）」に署名をしました。その際、大統領は「ＮＣＬＢ法の目的であった学校の説明責任や、教育格差を埋めることなどは正しいものだった。ただ、実際問題としては、色々な欠陥があった。学区や学校に、クッキーカッターのような大量生産的な手法による問題解決を強いてしまった」とコメントしています。（＊37）

日本こそギフテッド教育がのびるべき国

ところで、先ほどのグラフに話を戻すと、日本のスコアの変動も興味深いものがあります。

というのも、日本が世界各国でトップのスコアを誇っていたのは１９８０年代前期までだからです。その後、突如現れるフィンランドに1位の座を奪われ、２０００年を過ぎた頃から急成長した韓国にも追い抜かれるという現実が突きつけられています。気になるのは順位そのものよりも、スコアの下降率です。**１９９０年を境に、日本人生徒の18種類の**

テストの成績は下降をたどっています。文科省が２００９年に発表したピサ調査を元にした文部科学白書でも、「我が国は学力の中位層・高位層が減るとともに、学力の低い層が増えつつある」と書かれています。（＊19）

これは、一種のウェイクアップコール（警鐘）と捉えるべきなのでしょう。このままの下降率でいけば、ノルウェーやイタリアと最下位を争う日が来るのもそう先ではないのかもしれません。

これまで日本の教育はどちらかといえば、「クッキーカッターのような」教育方法によって高レベルな平均値を維持してきました。しかし、その平均値ですら、下降を始めている現在、今こそ「ギフテッド教育」に注力すべきなのではないかと思います。

実際、アメリカと比べれば、日本はまだ全体の学力水準は上位を維持しています。日本国内ではよく「格差、格差」と耳にしますが、アメリカに比べればその格差は決して大きくはないことが分かるでしょう。この教育水準の土台があれば、トップ層を伸ばすことに注力しても、アメリカほど格差が広がる心配をしなくてもよいのではないでしょうか。**アメリカにギフテッド・チルドレンが全体の10％存在するのであれば、日本にも少なくとも同じだけギフテッドの種が存在すると考えてよい**と思うのです。

アメリカの教育システム

私は、今回、ギフテッド向けのプログラムを実施している学校をいくつか見学しましたが、その様子を紹介する前に、まずアメリカの教育システムについてざっと説明しましょう。

そもそも**アメリカの教育システムは、公立、私立、そして後でご紹介するホームスクールに大きく分かれます。**日本のように中央政府からの支援により成り立つ国立という概念はありません（ですので私の母校のお茶の水女子大学附属小学校をアメリカ人に説明するときに少し訳に手こずります）。

アメリカの公教育システムは、その地域によって学力の差が大きいのが特徴ですが、よい学区に位置する公立の場合、卒業生の多くがスタンフォード大学やハーバード大学のようなトップの大学に進学することも珍しくなく、その点が有名大学に進学する生徒のほとんどが私立校と国立校出身の日本とは違う点です。

例えば、ハーバード大学に２００９年度に進学した生徒の出身高校の分布を見てみると、トップは23人を送り込んだ、ボストン・ラテン・スクールという、ボストンにある公立高校（正確にはマグネットスクール）です。これは、マーク・ザッカーバーグ氏やジョージ・ブッシュ氏などが通ったボーディングスクール（全寮制の寄宿学校）の名門エクセター・アカデミー（14人合格）やアンドーバー・アカデミー（10人合格）を上回ります。（＊38）

また、公立というと日本の皆さんの目からすると、学校の財政が厳しく、貧困層の子どもと中流階級の子どもなどが玉石混淆で入り交じっている学校というイメージがあるかもしれませんが、アメリカの場合そうではないケースも珍しくありません。例えば、ニューヨーク郊外にあるスカースデールという市は、富裕層が多く住む地域として有名です。スカースデールにある公立小学校は、アメリカでも一番リッチな学区として知られており、公立のスカースデールハイスクールの卒業生の97％が４年制大学に進み、そのＳＡＴスコアは全国平均を１５０点以上上回るというデータもあるほどです。（＊39）

そのため、よい学区に住んで、高い地方税を払い、よい公立の学校へ子どもを通わせる選択をする親も非常に多いのです。事実、私の住むエリアもカリフォルニアでトップを争う学区として有名で、子どもが学校に通う年齢になったら引っ越ししてくる人も珍しくありません。周りには、教育熱心なインド人や中国人がたくさんいます。その逆に、大学進学に大きくかかわる高校になると、逆によい成績を取るためにワンランク下げた学区のエリアにあえて引っ越しし直す家庭もあります。私の知り合いの中国系アメリカ人の家庭では、お子さんが来年高校にあがるので「川の向こうのワンランク、レベルが下がる学区のエリアに引っ越すわ。住宅ローンもその分安くなるしね」と言っていました。

前述のボストン・ラテン・スクールなどのマグネットスクールも公立校ですが、普通の公立と比べると厳しい入学審査(テストと過去の成績)があり合格率は20%以下といわれ、非常に競争が激しくなります。普通の公立と違い、広範囲にわたる学区からの生徒を引き寄せることから磁石のように生徒を引きつける魅力がある公立校という意味で、マグネットスクールと名付けられたと言われるほど、入学までの道のりは大変です。日本でいうと、スーパーサイエンスハイスクールや、スーパーグローバルハイスクールなどが近いかもしれませんが、日本の場合、私立校もスーパーサイエンスハイスクールやスーパーグローバルハイスクールとして認定を受け、補助金をもらえるところがアメリカと違う点と言えます。

厳しい入学審査がある公立校というと、他には例えばマンハッタンにある「スペシャルミュージックスクール」などがあります。この学校は非常にユニークで、公立という形態をとりながらも、音楽教育に力を入れており、音楽分野においてのギフテッドな子どものための学校なのです。入学試験には、オーディションも含まれており、受験する親は何年も前から準備をすることになります。

かの有名なカウフマン音楽センターに隣接しており、児童生徒が世界レベルの場所でパフォーマンスをする経験を積むことができます。更に面白いのが、音楽教育に力を入れていながらも、算数や英語の学力テストの平均値も全国レベルのトップという魅力的な学校となっており、もちろん入学試験は非常に競争が激しいものとなっています（マンハッタンにある5つのボロー［区のようなもの］に住む人なら誰でも応募できるのも普通の公立とは違うシステムですので、結果的に競争が激しくなっているのでしょう）。

公立学校の新しい取り組み、チャータースクール

そして私が注目しているのは、チャータースクールという新しい形態の公立校です。**チャータースクールはここ20年ほどでアメリカで増加していて、ギフテッド・チルドレンを持つ親御さんの選択肢の一つとしても重要な存在となっています。**冒頭のギフテッドの事例で紹介したジャック・アンドレイカ君もチャータースクール出身です。

教育分野において最も革新的な州の一つ、ミネソタ州で１９９０年代に生まれ、公立校なので授業料はかからない上に、普通の公立校のように州政府が定める様々な教育規定にとらわれずに、独自のカリキュラムを設定し、学業上のゴールを決められ、また、保護者などの意見が重視されるという利点もあることから、マグネットスクールをより柔軟にした公教育モデルということで、多くの社会起業家や教育関係者が設立するようになりました。

私のハーバード・ビジネススクール時代の同期の中にも、チャータースクールで校長先生をしている人がいるほどです。また、前述のマグネットスクールのような激しい入学試験の競争はなく、抽選に受かれば誰でも入れるというのも面白い点です。

例えばサンフランシスコ、ベイエリアにあるチャータースクールで有名なものに、キップ・アカデミーや、クリエイティブ・アーツ・チャータースクールがあります。キップ・アカデミーはアメリカで一番成功しているチャータースクールとしてお手本にされているモデルケースで、20州以上にわたり１３０校近く運営しています。その経営陣はほとんどがハーバードカレッジ、ハーバード・ビジネススクールやハーバード・ロースクール、スタンフォード、イェール大学の卒業生で、Teach for America（アメリカの文系学生の就職先ランキングでグーグルやAppleをぬいて1位になった教育NPO）の創設者も含まれています。

デーブ・レビンとマーク・フレインバーグという二人の優秀な社会起業家によって始められ、貧困層の学力格差を埋めた例として多くのメディア等に取り上げられました。生徒の9割が黒人とヒスパニック層により成り立ち、卒業生の8割以上が大学に進学している功績から、数々の賞を政府からもらっています。

一方のクリエイティブ・アーツ・チャータースクールは、授業のあらゆるところにアートを組み込むことで、芸術的な生徒を育てるというユニークなカリキュラムを組んでいます。例えば小学校の場合、週に4回、ダンス、音楽、ビジュアルアート（絵画など）、演劇のクラスを取ります。そして中学校に進むにつれて、どの芸術分野にするか選び（専攻のようなもの）専攻分野のクラスを週に3回取るようになります（音楽、ダンス、写真、ビジュアルアートなど）。6年生のクラスでは、学際的な、多分野にまたがるアプローチがとられ、古代文明を勉強するというテーマのもと、文化人類学や考古学の切り口から様々なことをリサーチします。そして、最終的には学んだことをもとに例えば原始人のレプリカを作り、教室全体を穴居住宅に作り替えるというプロジェクトなどにつなげます。（＊40）

このように**今日のアメリカでは、公教育という枠組みの中で新しい取り組みがどんどん生まれてきています。**従来のような、ボーディングスクールや有名私立校という学校で、裕福な家庭の子どものみが質の高い教育を得られるのはおかしい、教育の本質は公教育にあるべき、という考えが根幹にあってこその動きだと思います。

また、市場規模としても、アメリカの18歳以下の子どもの約90％が公立校に通っているというところからも分かるように（＊41）、新しい動きを起こそうと考えたときに、社会起業家として、公教育セクターで革新的なことをする方が、社会に与えるインパクトも大きいのです。また、親の立場からすると、税金を払っている以上、公教育というのは私たちに与えられた権利であり、そこにどのような良い選択肢があるのかを考えることの方が、「私立＝よい教育」と自分の足でリサーチもせずに無闇に信じ込み、年間3万ドル近い学費を払うより先に行うことのように思います。

アメリカ流「食える専攻科目トップ15」とは

また全体としてＳＴＥＭ教育（理数系教育）に力を入れている学校が目立ちます。フォーブス誌が２０１２年に発表した「価値ある大学専攻科目トップ15」という記事によると、**「トップ20校ほどのブランド価値のある大学に行かない限りは、大事なのは大学の名前でなく何を専攻したかである」**と書かれています。

そこで、ペイスケールというリサーチ会社が、新卒採用の職種、給料、業界の成長率などを含む膨大な量のデータを分析し、新卒採用時の給料の中央値、最低10年の職務経験者を対象とした中途採用時の給料の中央値、給料の成長率、そして就職先などの選択肢の多さ、などをベースにランクした結果、「食える専攻科目ランキング」はどのような結果になったと思いますか？　左がそのランキングです。（＊42）

表3　フォーブス誌による価値ある大学専攻科目

1位	生物医療工学
2位	生物化学
3位	コンピューター・サイエンス
4位	ソフトウェア工学
5位	環境工学
6位	土木工学
7位	地質学
8位	経営情報システム
9位	石油工学
10位	応用数学
11位	数学
12位	コンストラクションマネージメント学（建築運営）
13位	金融学
14位	物理学
15位	統計学

人文学などは全くもって含まれていません。日本では、食うに困らない専攻科目というと、まだ経済学部や法学部も人気なのかもしれませんが、アメリカでは、全体としては、完璧にＳＴＥＭに比重が置かれています。

記事によれば、ＩＴなどのテクノ

ロジー業界以外でも、多くの企業がデータ・ドリブンな（データを活用した）手法を取り入れてきているため、今後より数学や統計学などを学んだ人の需要が高くなるだろう、と言われています。これはシリコンバレーでは言わずもがなですが、例えば小売業などの分野でも、どんな客層がどの商品を買うか、どれくらいの頻度で買うかなどの分析から、客のライフスタイル（居住地域、職業など）や人生設計（子どもが何人等）に関するデータまで全てを膨大なデータとして扱い、非常にピンポイントなマーケティング戦略を練りだしています。私が第2子を出産したタイミングで、赤ちゃんグッズのチラシを送付してくるのも、そのような解析システムがあってこそなのです。

そういう流れもあってか、近年ではどの大学でも理数系のニーズが高まっているというわけです。

ただ、それに異論を唱える人たちも出てきています。ＳＴＥＭにばかりフォーカスをしていないで、人文学（歴史、文学、哲学、教育、芸術、政治学、人類学等）も同じだけ評価されるべきだ、そして、企業側も多様性を持つ人材を採用すべきだ、という動きです。スタンフォード大では、スタンフォード人文学センターが設立されており、様々な啓蒙活動やワークショップを行っています。

ＳＴＥＭではなくＳＴＥＡＭだ！

また、近年では、ＳＴＥＭ教育に代わって、アートのＡを加えた、ＳＴＥＡＭ（Science, Technology, Engineering, Arts, and Math の頭文字）教育という単語が主流になってきました。

たとえば、ペンシルバニア州では、２０１５年５月のたった１ヶ月で、ＳＴＥＡＭ教育関連のプログラムや施設を立ち上げた27もの学区が州政府から合計53万ドルもの補助金をもらうことに成功しました。（＊43）また、私がアリゾナ州で参加してきた全米天才児協会の会合でも、ＳＴＥＡＭの未来やアートを通してどのようにクリエイティビティを教室内で育むことができるか、という内容のセッションが非常に多かったことも印象に残っています。

このＳＴＥＡＭというのは、あくまで主体は数学や科学、工学なのですが、そこに芸術的思考を加えていく教育手法という新しい動きです。

たとえばボストン・アーツ・アカデミーというボストン市内にある唯一のアート専門の

公立高校では、アートが全ての学びの中心になっています。

STEAMラボというものが設置されており、そこでは、ダンスのクラスプロジェクトとして、鏡の前でバレエのパ・ド・ドゥを練習する、という一般的な教えなどではなく、エレクトロルミネッセント・コスチュームという、電界により生じる蛍光を利用した技術を組み込んだダンスコスチュームを制作します。まずはコスチュームのデザイン画を書いて、次に電気回路を作成し、学校が提供する3Dプリンターとモデリング専用のソフトウェアを用いて最終的にコスチュームの形にする、というわけです。

また、幾何学を勉強している生徒は、スクラッチというプログラミング言語を使いながら、デジタルアニメーションを作成し、そこに数学的知見を用いて大きな舞台での正しい照明技術について研究したりするそうです。(＊44)

最近、日本のビジネスの世界でも、「デザイン思考」という言葉をよく耳にします。もともと教育コンセプトだったこの思考をビジネスの世界に取り入れたのは、スタンフォードの教授によって始められたアメリカのIDEOというデザイン戦略コンサルティング・ファームだと言われています。

ここではプロトタイピング（実働するモデルを早いうちに形にしてみること）をイノベーションの根幹に持ってきています。頭で考えるよりも簡易的な手法でよいのでアイデアが生まれたらそれを作って、形にしてみる、それが次のアイデアにつながる、という実践主義的なところが普通のコンサルティング・ファームとは対照的なところです。

私のビジネススクール時代の同級生にもＩＤＥＯで働いている人がおり、パロアルトの本社に遊びにいったことがあるのですが、本格的な工具や機械が大量に設置されている部屋があって、簡易的プロトタイピングとはいっても、実際に商品を作っているのだと感動したものです。

ブルーマングループ創始者が立ち上げた学校も

もう一つ、私が今注目していて、日本でも導入できないかと思ったのが、あの青い顔の男の人たちが舞台上で様々なパフォーマンスを披露する「ブルーマングループ」の創始者たちが立ち上げた、ブルースクールというニューヨークにある私立の学校です。まずウェブサイト（http://www.blueschool.org/）からして学校のウェブサイトに見えず、センスのよい商品を作っているデザイン系の会社に見えます。

この学校、全寮制ではないのに年間の授業料が約4万ドルと腰を抜かすような額ですが、注目を浴びているのが、「クリエイティビティとアート」を全ての教育の軸にするというブルーマングループ創設者の教育理念です。幼稚園では海賊の格好をして水について学んだり、5年生のクラスでハーレム地域の発展を学ぶ一環で、ジャズクラブを立ち上げたりと、様々な授業を提供しています。(＊45)

現時点では2歳から8年生(中学2年生)までのクラスが用意されており、1学年20人ほどの超少人数制で、先生と生徒の比率は1対5。校長のアリソン・ゲインズ・ペル氏は、ブルックリンのセイントアンズ・スクールという、アートに比重をおいたトップの私立校を卒業後、ブラウン大学で学び、ハーバード教育大学院に行ったという経歴を持つ人です。(＊46)

この学校に二人の子どもを通わせているある親御さんは「まだ出来てから10年も経ってない新しい学校だし、中学校も2015年に作られたばかり。大学受験に影響する高校がないけれども、今は子どもたちを他の学校に転校させるなんて考えられない。子どもの成長のためにも」とコメントしています。(＊45)

教育界のアーリーアダプターな親が多いアメリカ

　このような、学校としてはスタートアップの部類に入る新しい私立校もアメリカでは都市部を中心にどんどん生まれています。だいたい超少人数制で、先生たちはほとんどがトップクラスの大学や大学院の卒業生。ですから徴収する授業料が生徒一人あたり年間約3万ドルから4万ドルと、日本人の感覚からすると目玉が飛び出る額かもしれませんが、私が面白いと思うのは、**アメリカでは、伝統やブランド、世間からの評価などよりも、親が「本当に我が子にとって一番よい選択は何なのか」という視点で学校を選んでいる**ということろです。

　そして年間4万ドルを子どもの教育につぎ込める裕福な家庭が、教育界のイノベーションの〝アーリーアダプター（マーケティング用語で、最初に新しいものに順応する層。そこに認められれば一般層に受け入れられる）〟として存在することが、社会全体の動きとして見たときに、非常に良いことだと思うのです。

　一方で日本では、小学校のお受験や、中学校受験などをする際に、どれだけの親が、偏差値、ランキング、世間一般的なブランドイメージなどを排除し「我が子の個性を伸ばし、学びに対する興味を一番育んでくれる学校はどこか」「教育理念に共鳴できるか」という本質的観点から学校を選んでいるでしょうか。

また高校に行けば大学受験が待っていますが、どれだけの生徒が、同じような視点で志望大学、志望学部を選べるでしょうか。そして大学を卒業すれば、今度は就職活動を含めたキャリアの選択が待ち受けています。

「与えられたものから選ぶのではなく、ゼロから一にすることが出来る、自分で作り出せるような人間を育てよう」というようなセリフや議論はよく日本社会でも耳にします。しかしそのマインドセットは、大人になってから突然、構築されるものではないのではないでしょうか。**親が、プロジェクト・リーダーとして、子どもの教育を独自の価値観で選ぶこと、その姿を見せることから、間接的に子どもたちは「自分の頭で考える」力を育んでいく**のではないかと思います。

もちろん、アメリカの全てのギフテッド・チルドレンの親を始めとした教育熱心な親御さんが、そのように新しい試みに寛容な訳ではありません。大学受験で成功することだけを念頭においた教育環境をデザインしている親ももちろんいると思います。

しかし、ＳＴＥＭ専門の公立マグネットスクール、チャータースクール、アートに比重を置いた公立校、ボーディングスクール、また次で紹介するギフテッドに特化した私立校など、供給側（学校側）に色々な選択肢があり、全てに良し悪しがあるため、需要側（保護者側）は、本当に我が子にとって一番よい選択は何か、と考えたときに、自分でリサーチして選択していくしか方法はないわけです。

そして、私立でも公立でも、成果を出していないと結果的に競争に負けて生徒を十分に集められなくなるという経済の原理が健康的に機能しています。ちなみに、学校の成果をはかる指標ですが、**日本のように有名大学に何人送り込んだか、というような断片的な指標だけが注目される訳ではありません。**教育学や心理学の世界では、教育等のイノベーションの成果を測るためには、20年以上に及び対象となる同じ人物を研究し続け、定量的かつ定性的にデータを取らないと分からない、と言われている部分があります（専門用語で、縦断的調査と言われています）。

また、卒業生の親による口コミや評価などが瞬く間にネットを介して広がります。そのようなレビュー専門のサイトもあり、私をはじめ多くの親が、卒業生や在校生の親の生の声を何よりも参考にします。学校側も卒業生の進学先は公表するところが多いものの、それを大々的な達成事項として発表はしません。あくまで、学校の運営や生徒に関するデータの一環として、全体像を見せるために発表しているだけです。ですので、「今年はハーバードに5人合格しました！」などとまるで学習塾がマーケティング戦略に使うような文言は、ほとんどの場合、学校側から聞くことはありません。

それに比べると、日本では学校側にあまり選択肢のバラエティがないように思います。それが、ランキングで学校を選ぶ以外にあまり方法がない理由なのかもしれません。

そういう意味でも、先ほど紹介したような、日本でもどんどん注目されてきているスーパーサイエンスハイスクールや、スーパーグローバルハイスクールは、非常に有意義な取り組みだと思いますし、このような学校が世間からも有名校と同じくらい評価され、親御さんたちの考え方の再構築のきっかけになることを願っています。

そして、民間セクターからも、社会起業家やそれをサポートする組織や個人がどんどん独自の教育哲学に基づいた学校を設立していったら、選択肢が増え、合わない環境で可能性の芽が開花することなく埋もれてしまう子どもも減るのではないでしょうか。

第５章　ギフテッド専門クラスの授業

前章ではアメリカの教育の多様性についてご紹介しましたが、この章では、ギフテッド専門の学校やクラスでは、どのようなカリキュラムでどんな内容が教えられているのかを詳細にレポートしたいと思います。

私は今回、この本を書くにあたって、ギフテッド公教育で最先端をいく州の一つ、アリゾナ州の公立小学校のギフテッド専門クラスと、シリコンバレーにある、私立のギフテッド専門の学校を訪問し、授業を見学する機会を得ました。

小学1、2年生がロボット工学を学ぶ

まず、訪問したのは、**アリゾナ州フェニックスから車で30分ほどの郊外にある、ファイヤーサイドという公立の小学校**です。この学校はフェニックス北部に位置するパラダイ

ス・バリー学区の中の小学校の一つで、この学区にある小学校の多くがギフテッド・プログラムを設けています。

ファイヤーサイド小学校のギフテッド・プログラムに入学するためには、ＩＱテストで１２６点以上、またはその他のテスト（P. 45で紹介されたNon-Verbal Cognitive Test）で97％以上を取る必要があります。

今回、私は、小学校1年生と2年生のギフテッドの子どもだけのクラス（セルフ・コンテインドと呼ばれる。ギフテッドとそうでない子どもが一緒の教室で学ぶ方法はクラスタークルーピングと呼ぶ）で行われていたロボット工学の授業を見学しました。

授業のタイトルは「Finch Robot Coding」。

フィンチという名の白い車輪のついたロボットが動くための「障害物コース」をデザインし、その障害物を避けて通るようにフィンチをプログラミングして動かす、という授業です。このフィンチというロボットは、コンピューター・サイエンスで有名なカーネギーメロン大学の研究により開発され、幼稚園年長から教えられるコンピューター・サイエンス、という売りで、多くの教育機関に導入されています。

この授業を見学して、まずびっくりしたのが、**グーグルをはじめとするシリコンバレーの企業や、ベンチャー企業がソフトウェアを開発するときに使用する、プロジェクト管理手法が使われていた**ことです。もちろん難しい単語は使いませんが、基本コンセプトは全く同じでした。

各グループメンバーを、「ドライバー」「ナビゲーター」「アーキテクト」「ビルダー」に割り振って、それぞれに任務を与えます。そして、例えば、フィンチを動かすためのプログラミングをする役目のドライバーは、フィンチの障害物コース担当者であるナビゲーターと共同作業しないといけませんし、障害物コースの青写真をつくるアーキテクトは、実際にコースを作成するビルダーとコラボしないといけません。

そして、まずグループでTo Doリストを作っていきます。このプロジェクトを実行するために必要なタスクを細かく書いていくのです。タスクの隣には、担当者の名前を記入します。この一連の作業が、まるで一つのプロジェクトを動かしている会社のようなのです。

実際にソフトウェアを作るとき、まずプロジェクト管理ツールに分類されたタスクを記入していき、それぞれのタスクに締め切りと担当者を割り振っていくのは、どの会社でも行われているプロセスだと思います。一つの目的を達成するために共同作業を通して生徒

フィンチ（右の生徒が持っている白いロボット）が障害物にぶつからないように指示を出すナビゲーター役の生徒（右）と、パソコンでフィンチがコース通りに動くようプログラミングするドライバー役の生徒（左）

間でのコミュニケーションスキルも養われるのかな、と見学しながら考えていました。

さて、肝心のフィンチを動かすプログラミング言語ですが、ＭＩＴ（マサチューセッツ工科大学）が開発したスクラッチと、バークレーが開発したスナップという言語を使っていました。どちらもドラッグ・アンド・ドロップで使いやすいというのと、ビジュアル言語として知られているだけあり、子どもでもプログラミングの基本コンセプトが学びやすいものとなっています。

現在の日本の小学校で、プログラミングをここまで実践的に小１の生徒に教えている学校があるでしょうか。しかも公教育として導入している学校はあるのでしょうか。そして、先生が生徒と一緒に床に座って工作をして、プロジェクトを動かしていくという、「プロジェクト・ベース」の教え方が、どれだけ実践されているでしょう。

小学校3年生のクラスで高校3年生レベルの読書をする

次に私が見学したのは、小学校3年生と4年生による英語（日本語でいうところの国語）の授業です。タイトルは、「Engaging Vocabulary Activities」ということで、単語アクティビティのための授業です。こちらも先ほどのロボットのクラスと同じ、ギフテッドだけのクラスでした。

さて、**この英語の授業では驚いたことに小学校3年生で高校3年生レベルの読書をしているの**です。でも、日本のように教科書を使って物語を読むのではなく、生徒の興味のある本を1冊ずつ読ませていく手法です。ある生徒はファンタジーものにはまっている、と言って、分厚いファンタジー、SF系の本を見せてくれました。

この授業の内容として単語力を色々なアクティビティを通して学ぶ、というものがあり、上の写真はある生徒二人が、単語カードを使いながら行うすごろくゲームのようなものを作った、といって見せてくれたものです。

ポストイットを活用しながら簡易的に作ったものですが、ルールを聞いてみると、「枝がついているポストイットを取ったら、その枝に書いてある単語を意味する言葉の升目まですすんで、見つけられなかったら5つ下がる」というものでした。

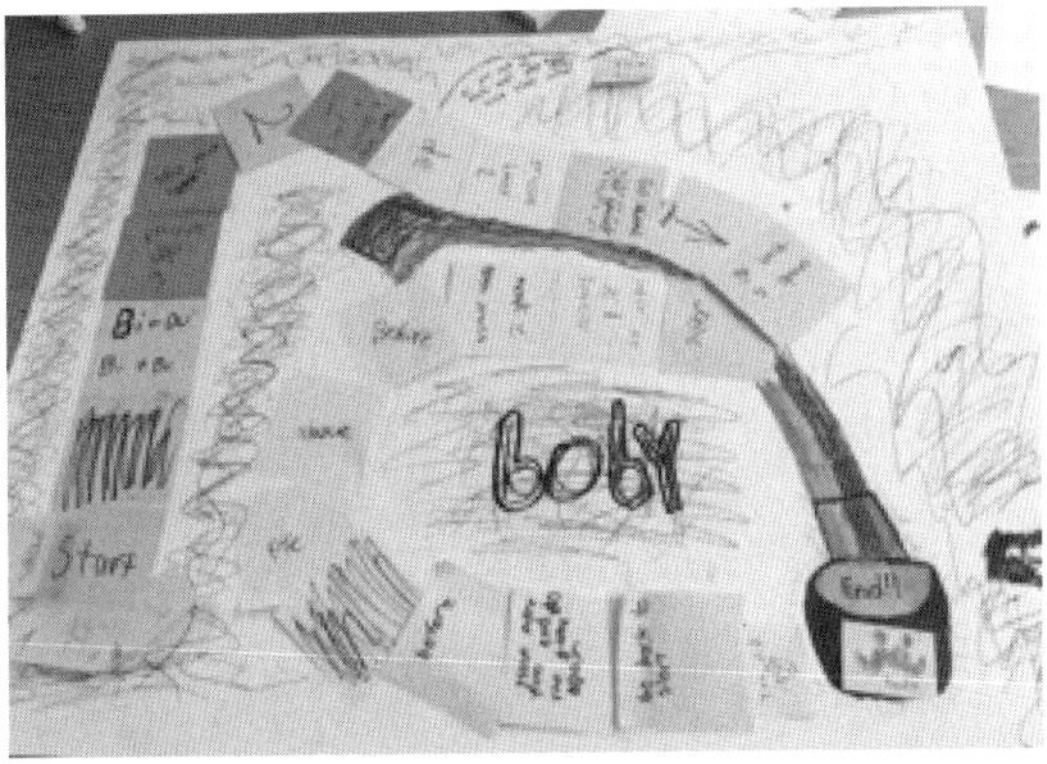

ここでも、**ただ単に単語帳を読ませて暗記式テストで単語力を問うのではなく、生徒たちに独自の単語力を養う楽しみ方を教えている**のです。他の生徒たちは全く違うアクティビティをしていました。そして共通しているのが、それぞれのグループに先生がつき、必ず発表の場を設けていることです。

このクラスでも、先ほどのロボット工学のクラスでも感じたことですが、**ギフテッド教育というのは、非常にプロジェクト・ベースでやることが多いのです。**先生が講義をして生徒は座ってノートを取る、という形式ではなく、プロジェクトを通して様々なことを教える形式で、ギフテッドに限らずアメリカではチャータースクールや私立などの自由な授業形式を導入できる学校ではどんどん取り入れられています。

古代エジプト文化をiPadアプリで学ぶ小1の授業

最後に私が見学したのは、小学校1年生の、ギフテッドとそうでない子が混ざっている、クラスター・クラスでした。内容はその名も「iPad Apps and Apple TV」（iPad アプリとApple TV のクラス）というタイトルの授業で、タイトルからは何を教えているのかさっぱり分かりません。

教室に足を運んでみると、その謎が解けました。**iPad の色々な教育アプリとApple TV を使ってインタラクティブな授業を展開しているの**です。このクラスのテーマは世界史のようで、教室の壁にはアメリカの学校らしく世界3大宗教として、ユダヤ教、キリスト教、イスラム教のことが書かれた紙がかかっていました。

この時はメソポタミア文明を勉強していたようで、このような課題を与えられていました。

「古代エジプトのコラージュを作ってみましょう。古代エジプト文明において、重要な建物やものを入れるようにしましょう。Pic Collage アプリを使って、４つ、または６つの正方形のグリッドになるようにコラージュをデザインしましょう。タイトル、絵、説明文を入れたら、グループ内で間違いがないか確認し、先生に声をかけましょう。そしてみんなに発表してください」

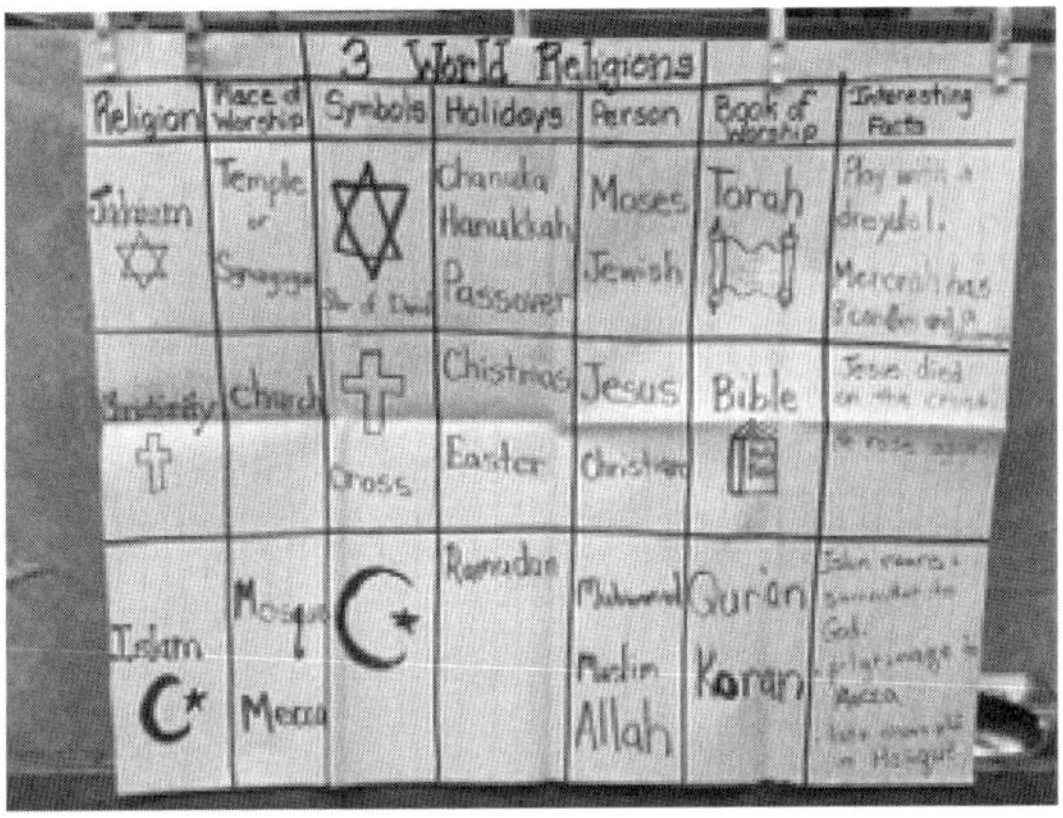

ここでも、グループでのアクティビティが重視されています。みんなでiPadをいじりながら、コラージュをデザインしていきます。そして発表するときはApple TVを使いながら、みんなでスクリーンごとシェアします。

三つのギフテッドの授業を参観して思ったことは、**いかにプロジェクト・ベース、アクティビティ・**

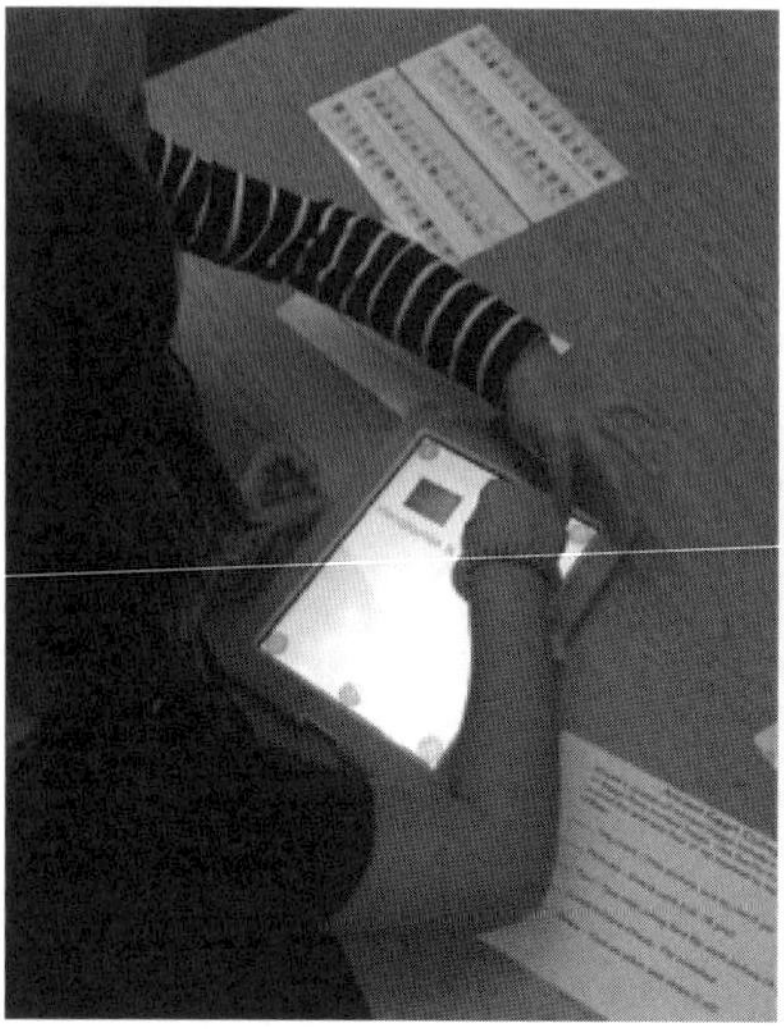

ベースの授業形態が大切かということと、**いかに幼いうちからテクノロジーの使い方を教えているか**、ということです。

先ほどのロボット・プログラミングのようなクラスだけでなく、世界史を学ぶクラスでも iPad アプリを使わせることで、どうすれば学問の垣根を超えてテクノロジーを使っていくことが出来るかを教えているのだと思います。

最初に見学した、ギフテッド・チルドレンのみのクラスでは、生徒一人一人に iPad とクロームブックが与えられていることにも驚きました。もちろん、全て学校が提供しているものです。若いうちから様々な技術に慣れさせて、よいアプリはどんどん授業でも取り入れているのです。

ギフテッド専門の有名私立校の教育

さて、次にギフテッドに特化した有名私立校をご紹介したいと思います。

さきほど公教育でのイノベーションを述べてきましたが、やはり私立校ならではの良さもあります。その代表的な点が、少人数制なので教師対生徒の比率が低く、細かいケアが出来ること、政府の規制に関係なく独自のカリキュラムを設定できること、そして、裕福な家庭の子どもが多いため、必然的にどちらかの親がフルタイムで働いていないケースが多く、結果的に親の学校への関与が高いこと等です。


そんな私立校の中でもギフテッド・チルドレンに特化した学校があります。例えばシリコンバレーに存在するギフテッド専門私立校の一つ、ヘリオス・スクールなどです。

ヘリオス・スクールは、スタートアップ企業がひしめくシリコンバレーらしく、学校自体の創立が2007年と、学校としては新しいものです。というのも、先ほど述べた通り2002年にブッシュ大統領が署名したNCLB法により、多くの州政府がギフテッド・チルドレン発掘プログラムのための補助金枠を大幅に削減してしまったので、パロアルト

市でも、ギフテッドのための公教育が無くなってしまったことが、この学校が創られたきっかけだったのです。（＊47）

学費は年間2万5000ドル。普通の家庭や、子どもが複数いる家庭ではなかなか難しい金額です。そもそもそこまで払う価値が本当にあるのか？　卒業生のその後は……、と私もかなり懐疑的な気持ちを抱えつつ、学校に行ったのですが、在校生に会って、授業を見て、その意義が分かりました。

私を案内してくれたのは、エミリーという7年生（日本でいう中学1年生）の女の子でした。4年生のときに、公立小学校から転校してきたそうです。

「私は周りとちょっと違っていたから学校でいじめにあっていたの。授業でやる内容は簡単すぎてつまらなかった。でも親にどれだけ言っても、『じきに良くなるよ』って言ってまともに聞いてくれなかったの」と私に話してくれたエミリー。私には、彼女がいじめにあうような女の子には見えず、とても不思議でした。

「私はギフテッドという概念すら知らなかったし、親も知らなかった。でも自分でインターネットで調べて、自分は違うんだって知ってから、この学校を見つけたの。そして親が理解してくれて、やっと4年生で転校できたのよ」

彼女のようなケースは珍しくありません。第3章で述べたように、**埋もれてしまうギフテッドの芽は、ほとんどの場合が親の無関心や無知による**ものなのです。彼女の場合、自身の行動力で人生をよい方向へ持っていくことに成功しましたが（そしてそれに柔軟に対応した親御さんもすごいですが）、そうできない子も多いのだろうな、と彼女の話を聞いていて思いました。

小学校1年生と中学校1年生が同じ教室で学ぶ

私が、ヘリオス・スクールでまず興味を持ったのがその時間割です。幼稚園から中学校まであるのですが、全ての学校で統一された時間割になっていて、教科ごとの飛び級が簡単に出来るような仕組みになっているのです。例えば、朝の9時からは全校で数学の授業があります。

ギフテッドは非同期的な成長の仕方をするということは第3章で述べましたが、数学は3学年飛び級しているけれども、作文の授業は1学年下、というような生徒が多くいるため、このように時間割というシステムからして、ギフテッド向けに創られているのが垣間みれます。ですから、**数学の授業では、年齢に関係なく理解度でクラス分けした生徒たちが一斉に移動する**訳です。

今回、数学の授業を見学してびっくりしたのが、ギフテッド・チルドレンの能力のバリエーションの多さです。ある数学の授業では生徒6人に対し先生1人という少人数で教えていました。内容は、「8の3乗から3の11乗をひいたらどうなるか」というようなものでしたが、生徒たちを見ると、明らかに年の差が5、6歳ほどあるのです。先生に聞いたところ、小1から中1までの子どもがいるということでした。

また次に参観した、学校で一番上のレベルの数学の授業では、4年生、5年生、そして6年生の生徒が合わせて8人ほど在籍しており、高校生レベルの内容を学んでいました。

もうひとつ、ヘリオス・スクールで特徴的なのが、プロジェクト・ベースの「アカデミック・コアタイム」というものです。1日のうち1時間半がそれに割かれており、人文学かサイエンスに関することで、自分の好きなテーマを決めて研究を続けるというものです。

エミリーは、外来生物がもたらす危険性というテーマで、ヌートリアというビーバーに似た外来生物が南アメリカから北アメリカに持ち込まれた経緯や、セコイアの森におけるエコシステムへの影響などを多角的にリサーチした、と言っていました。

そして、最終的には研究から学んだことを、カードゲームにして、他の生徒の前で発表したそうです。カードゲームは、イメージで言うと「ポケモンカードゲームみたいな感じ」とのことで、外来生物、既存生物、などのカテゴリーに分けて、それぞれが持つパワーを数値化し、どの生物がどの生物や樹木に影響を与えるかを体系立てて作ったそう。

そして、授業は発表しただけでは終わりません。次には、ローカルなファーマーズ・マーケット（農家の人たちが作物を売る市場）でブースを借り、外来生物の危険性についての理解を道行く人たちから得て募金をつのり、1時間ほどで300ドル調達した、と言っていました。調達したお金は地域の自然保護ボランティア団体へ寄付したそうです。

4年生で高校生レベルの数学を学ぶ。写真は授業で使われている教科書。Algebra とは、代数のことで、アメリカのボーディングスクールを卒業した筆者も、高校1年生で代数を学んだことを記憶している。

成績はあえてつけないことで他人と比べない子どもになる

もう一つヘリオス・スクールの特徴として、**生徒に対して数値的な成績をつけないこと**が挙げられます。私が小学生の頃は、数値ではなかったものの、丸、二重丸、三重丸というランク別に色々な角度から評価されるシステムがありました。アメリカの場合、1、2、3などの数値的評価にするのが普通ですが、数字にすることで他者と比較しやすくなり、相対評価の対象になりやすくなってしまいます。また、自分はあの子より劣っている、というような自己否定感を植えつけてしまいかねないというリスクもあります。そこでヘリオス・スクールでは、**どんなプロジェクトをやっても、どんな発言をしても、成績には関係ない、という「リスクフリー」な環境を作っている**わけです。

私を案内してくれたエミリーに「成績がないってどんな感じ?」と聞いたら、「みんなが違って、それでいいんだって本当に感じるようになった。他人と比べないことが大事だって言われても、比べざるを得ない環境ばかりだったけど、ここに来て、成績という比較可能なシステムがなくなってから、本当に私と他の友達は違うことが得意で、違うことに興味があって、それでいいんだ、って分かったの」と話してくれました。この数字による成績をつけない、というシステムはギフテッド専門教育に限らず、アメリカの名門私立校等でも導入されている動きです。

ヘリオスに娘を通わせているある保護者は、「ある生徒はスター・ウォーズ・マニア、その横では、ダンジョンズ＆ドラゴンズ（アメリカで２０００万人以上のプレーヤーがいるファンタジーテーブルトークＲＰＧ）の熱狂的なプレーヤーの生徒がいて、その横ではパズル好きがいる。そんなことが受け入れられる環境はそうそうない」と言っていました。

この**「他者と比較しない」というのは、読者の皆さんもお気づきかもしれませんが、幸せな人生を送るために必要な能力の一つ**です。しかし、大人が子どもにそう教えたところで、実はこの能力はなかなか簡単には育ちにくいものです。

日本では、負けること（他人と比べて劣っていること）を避けるために、運動会の徒競走では、皆でゴールして皆が優勝だよ、というようなことも行われていると聞きますが、少し向かうベクトルがずれているのではないかと私の目には映ります。それでは、挑戦する精神が養われません。そうではなく、負けることや失敗することが、勝つこと以上に大事だ、その過程が大事なのだと教えることの方がよっぽど重要なのではないでしょうか。

例えば、ヘリオス・スクールで生徒は全く評価されないのかというと、そうではありません。定量的評価方法（英語では、ルーブリック方式と呼びます）で一定の基準に従い、各生徒が教科別に習得すべきことを習得したかを評価します。そして、年に3回、MAPテストというコンピュータベースで回答するテストを受け、生徒の学力レベルを計ります。あくまで、**自分のスタート地点と比べてどのように成長したかが評価基準**なのです。

10代前半までに自己肯定感を作る

このようにあまりにも普通の教育環境と違うヘリオス・スクールですが、卒業生はその後の競争社会、相対評価社会において、たくましく羽ばたいていけるのでしょうか？

ギフテッド・チルドレンにとって一番大切なのは、自己肯定をし、学ぶ楽しさを知ることです。先ほど述べたように、多くのギフテッド・チルドレンが、社会から様々な誤解や偏見に満ちた目で見られ、自分を受け入れられずに、その他大勢に順応してしまうことを選んでいます。

それを避けるためにも、心理学者エリック・エリクソンの発達心理学のフレームワークにもとづいて、**人格が形成されると言われている10代前半までに、ポジティブな土壌を**

作ってあげることが何よりも大事なことなのです。人格形成というのは、家を建てる過程に似ていて、土台（自己肯定感）があることがその後のパーツ形成の基礎になるのです。

私が話を聞いた、保護者のお父さんの場合、彼の息子さんは公立学校にはなじめず、学業中心の私立校へ転校させたのですがそれもなじめず、友人からヘリオスのことを聞いて、見学しにいったそうです。その時に息子が、「ここには僕と似た人たちがいる」と言ったことが入学のきっかけになった、と言っていました。

ヘリオスの先生方は、「あなたの息子さんにはこのレベルの算数は面白く感じないかもしれません。彼がつまらない、と思わないことが大事です。更に上のレベルの算数のクラスに移りましょう」と、常に子どもが退屈していないか、もっと上のレベルに行ける分野はどこか、そのような視点で客観的に観察してくれているそうです。

また別の保護者は、「一度ヘリオスに入れたけど、やめて別の私立に通わせた。でも、やっぱりそれでは子どもたちがつまらなさそうにしていたので、数年後へリオスにまた戻ってきた」という話をしていました。

そしてヘリオス・スクールでも、やはり生徒一人一人にパソコンが提供されていました。低学年ではクロームブック、5、6年生はMacBook、中学1、2年生はMacBook Air

でした（学校の外には持ち出し禁止とのこと）。また、他の学校では見なかった取り組みとして、学校内専用のグーグルドライブ（クラウドソフトウェア）を生徒一人一人が管理し、共同プロジェクトなどはそのドライブでファイルを共有するとのこと。メールアドレスも生徒専用のものが与えられて、学校関係者や生徒間以外の人とはやりとりできないようになっているそうです。

共通するのはプロジェクト・ベースとゲーム作り、テクノロジー

今回、二つのギフテッド専門の学校を見学して、いくつかの共通点があることに気づきました。

ひとつは、プロジェクト・ベースの授業です。例えば、一言にリサーチペーパー（研究論文）と言っても、論文を書かせて終わりにならないのがプロジェクト・ベースの良いところです。

普通であれば、論文の書き方、資料の集め方、正しいリサーチの方法などを学校で教えるのでしょうが、そのような教育では多くのギフテッド・チルドレンは退屈してしまうのです。学んだことがどのように他の学問につながっているのか、どのように現実社会で役

に立つのか、どのように次に学ぶことの布石になっているのか、そういった多面的かつ総合的に物事を学びたいと思うのがギフテッド・チルドレンの特徴なのです。

日本でも「社会科見学」というような枠組みでボランティア活動をしたり、社会で活躍する大人とふれあう機会は生徒たちに与えられているとは思いますが、そうすると、「社会科見学」「ボランティア活動」等の垣根を超えて、その体験を習得することが難しいのではないかと思います。私もアメリカのボーディングスクールに通っていた頃、コミュニティ・サービスといって地域の老人たちを支援する活動や、手助けが必要な子どもたちへの読み聞かせ活動などをしたことがあるのですが、活動自体の意義は分かっても、そこからの発展性がありませんでした。

しかし、ヘリオス・スクールのように、理科の授業で自分がゼロから調べ、作り上げた論文及びアウトプット（ゲーム）を、地域社会へ還元し、お金を稼ぎ、それをボランティア団体へ寄付する、という一連の活動を通せば、なぜその論文を書くことに社会的意義があったのかが、子どもでも分かると思います。

また、**授業でゲームを作らせる**というのも見学した2校に共通していた点です。

実は、学んだ事象、例えば外来生物に関していうと、その歴史や政治的背景から始まり、地理や生物学的なこと等を全てつなげて理解していないと、カードゲームという形のアウトプットは作れないのです。また、ゲームという形にすることで、自分が研究したことを、全くの素人にも面白く楽しい方法で学ばせることが出来ますが、それも、簡単なことではありません。

偶然かもしれませんが、ギフテッドの大川翔君を育てたお母様の栄美子さんも、その著書『9歳までに地頭を鍛える！37の秘訣』（＊48）の中で、小さい頃から大川君と共に多くのゲームをしていたと書かれています。自ら工夫する余地のある能動的ゲームをやらせることが大切だ、ということですが、そこには同じような理由があるのかもしれません。

さらに、iPadやMacbookなどのテクノロジーを当たり前のようにツールとして使っているのも共通点です。

5歳の女の子ですら誕生日プレゼントに「iPadが欲しい！」という時代です。むやみに「勉強の妨げになる」「目によくない」「変なサイトを見たら大変」などと、**ネガティブな側面ばかりに目をやって教育の機会を逃すよりも、いかに最新の技術に慣れさせて、教育の助けになるかと考えていくべき**なのでしょう。とはいっても、幼い子にiPadを買い与えるわけにはいかないので、このように学校が提供し、指導してくれたら親もありがたいのではないでしょうか。

いずれにしても、このような実践的な過程で、社会に出てから必要とされるスキルを多く学べるというのも大きな利点です。

近年、コンテンツvsスキルという文脈で、教育が語られることが増えています。インターネットが普及したことで、情報（コンテンツ）を知っているかどうかをテストしたところで、もはや意味がなくなりつつあるからです。今でも、日本の歴史の授業では「応仁の乱は何年に起きたか？」等という、無意味に等しい質問がなされているかは分かりませんが、そのようなことを生徒に問うても、これからの時代、その生徒の学習の成果もポテンシャルもはかれなくなってきます。

日本でもマークシート方式のセンター試験が2020年で廃止になり、思考力・判断力・表現力を問う試験に変わり、東大をはじめとする大学がAO入試を取り入れ始めているのも、そのような理由からではないでしょうか。

どのようにして正しいコンテンツを手に入れるのか、手に入れたコンテンツで何を創り上げるのか。そしてそれをどのように周りに発表し、社会に還元するのか。そのようなスキルの方がよっぽど重要な時代となってきているのです。

第６章　親としてできること

これまで、アメリカのギフテッド教育の最前線の話をしてきましたが、それでは、日本に住む読者の皆さんはどのようにこの情報を生かし、子育てに役立てたらよいのでしょうか？

日本でも、「ギフテッド教育」とは言わないまでも、〝クッキーカッター〟ではないそれぞれの個性を伸ばすための教育を重要視する方向になってきていると思います。とはいえ、国の対応を待っているだけでは、子どもの重要な時期を逃しかねません。

実は、私自身も5歳になる娘の可能性を考えるにあたり教育心理学者に相談をしてコンサルティングをしてもらった経験があります。その結果、娘はギフテッドの可能性が高いと言われたのですが、まだ州が規定しているIQテストを受けられる年齢に達していません。ですが、そこで娘が9歳や10歳になるまでのんきに待ち構えているか、能動的にリサーチを繰り返し、色々な人のアドバイスを参考に日々の生活の改善をはかっていくか、道は二つに一つです。

この章では、もし自分の子どもがギフテッドの可能性があった時に、その才能を埋もれさせないために、どのような心構えで接すればいいのか、親としてできることについて考えていきたいと思います。

二人の科学の天才を育てた母のアドバイス

冒頭の、ギフテッドな若者の事例で紹介したジャック・アンドレイカ君は、実はお兄さんのルーク・アンドレイカ君もギフテッドなのです。兄弟二人とも、高校生のときにインテルの国際学生科学フェアで優勝、入賞し、1000万円ちかくの賞金を勝ち取った経歴の持ち主です。

その二人を育てたお母さんのジェーン・アンドレイカ氏がどのように子育てをしてきたか、TEDのトークビデオの内容をもとに、皆さんにもご紹介します。（＊49）

①結果は褒めるな

褒めるのは過程のみ。**努力したというそのプロセスを褒めるのが大事であり、誰でも結果が出せるようなもので金賞をとったとしても、それは褒めてはいけない**と、ジェーン氏は話しています。

これに関しては、子どものモチベーションについての研究で有名なスタンフォード大学心理学教授の、キャロル・S・ドゥエック氏の研究で明らかになっています。10代前半の子どもたち数百人に難しい非言語式知能検査をやらせた後、グループAには、「よく出来たね。10問中8問正解。頭がいいのね」と言い、もう一つのグループBには、「8問正解したわ。よく頑張ったわね」と言います。そしてその後、子どもたちに新しい別の問題を提供し、二つのグループに、前の問題を解くか、それとも新しい問題を解くのか、選択肢を与えます。そこで分かったのは、グループAの子どもはほとんどが新しい問題を解かずに、同じ問題をもう一度解き、グループBの9割が、新しい問題を解いたということです。（＊50）

つまり、これを子育てに応用すると、「頭がいいね」などという褒め方をすると、新しいこと、更に難しいことにチャレンジしたときにそうではなくなったり、間違いをするのが怖い子になってしまうのですが、努力したその過程を褒めると、努力すること、チャレンジすることが素晴らしいのだというスキームが子どもの中で出来上がり、新しい学習のチャンスを逃さないようになるということです。

ジェーン・アンドレイカ氏も、簡単なことをやって結果を出しても何もすごくないのだ、ということをしつこく教えたと言っていました。

②答えは絶対に教えない

例えばジェーン氏は「どうして葉っぱの色は秋になると赤くなるの？」というように、簡単に親が説明できる質問だとしても、**自分で答えにたどり着くプロセスを教えることが大事だ**というのです。そして、その思考プロセスを常に言語化させ説明させるようにしたそうです。

これは私も日々意識していることです。私の場合、毎晩娘を寝かしつけるときに娘と色々話をする時間を設けているのですが、この10分程度の時間が実はとても重要なのです。娘は寝付く手前のその10分で、ふいに、「神様はどうして宇宙を創ったの？」などという質問をしてきます。これは、娘にある日、「神様って誰なの?」と聞かれたので、「宇宙を創ったのが神様だよ」と返事をして、返ってきた質問ですが、返答に困ってしまいました。

「うーん、どうしてだろうね」と言いながら、さっとグーグルで調べても、見つからない。後から分かったことですが、この問いは多くの宗教学者などが何年も時間を費やして答えを見つけるような、非常に根源的なものだったのです。また、娘には常日頃から、**「多くの答えを知っていることよりも、多くの質問が出来る方が大事だよ」**と言っています。質問する過程で、自分で答えにたどり着くプロセスを学ぶからです(しまいには、「神様は誰がつくったの? どこから来たの? サンタクロースも神様がつくったの?」などと、色々なものがごっちゃになった質問をしてくるので可愛いのですが)。

③アイデアブックを活用せよ

ルークとジャック兄弟は、常にアイデアブックというものを持ち歩いていて、どんなアイデアでもよいのでノートに書き留めるようにしていたそうです。例えば、今度やってみたいサイエンスの実験のアイデアや、自分が考えた物語のプロット等。そしてそのノートをしょっちゅう眺める癖をつけるのが大事だということです。

日本でも、『情報は1冊のノートにまとめなさい』（奥野宣之著、ダイヤモンド社）という本がベストセラーになり、様々な情報を一つの場所で集中管理することが、ビジネスの上でも機能的だ、というように言われていますが、実は、一冊のノートにアイデアをまとめるのも、同じような、いやそれ以上の効果があるのです。

私がこのアイデアブックに関して面白いと思ったのは、**右脳の中で張り巡らされている想像力を、ノートに文字という形にすることで左脳も使われて、whole-brain child**（右脳も左脳も同じだけ発達している子どものこと）**になる**ところです。ハーバード大学医学部を卒業し、現在はUCLA精神科教授のダニエル・シーゲル医師が書いた『The Whole-Brain Child』（＊51）という本はアメリカの子育て本のベストセラーとなっていますが、この中で、いかに自分の中の感情や想像力を、言葉や文字におとすことが大事かが書かれています。高ぶった感情をそのままにしておくと、感情も行き場を失い、子どもの中に鬱憤がたまってしまうこともあるのですが、それを言葉にして、例えば、「あのとき、僕は友達のアレックスにバカにされてとても傷ついたんだ」などと言うだけでも、右脳と左脳両方が刺激を受け発達することにつながり、感情的に浮き沈みのないEQ（感情のコントロールや共感度などを含む、心の知能指数のこと）の高い子に育つということです。

私も、娘にアイデアブックを持たせて（といってもお絵描き帳のようなものですが）、「どんなことでもいいから書いてごらん」と言っています。ある日は、カリフォルニアが干ばつという問題を抱えている、というニュースから、一回降った雨をどのように保管しておけばまた使えるか、というような、実現不可能ではあるのですが面白いなと思うようなアイデアを絵にして描いていました。そしてそれを私に言葉で説明する過程で、言語能力も養われるので、良いことずくめなのです。

また、ある日の夜、動物園に行く前日にゴリラの話になり、なぜマウンテンゴリラが絶滅危惧種なのかの話をしました。もちろん、私はなぜなのかはすぐには出てこないのでインターネットで調べながら娘と話をする訳です。調べていく中で、森林伐採などの他にも、ゴリラを捕獲して食べる文化がアフリカにはあるという文献を見つけました。なんでも、ゴリラを食べられることは社会的ステータスにつながるらしいのです。でも、それがその国の文化だから、文化人類学的観点から考えたら、ただやみくもに「ゴリラを食べないで！」なんて言えないから難しい問題なんだよ、という話をしました。娘はその話を聞いた後、何をしていたのかと見てみたら、『Don't kill gorillas』と書いたポスターを作っていました。もちろん、それもアイデアブック行きです。とにかく、絵でも文でもよいので形にすることで、娘の中でもアウトプットが出来るので非常に大事だと考えています。

④簡単な成功などない

常日頃からジェーン氏はルークとジャックに、小さなステップの積み重ねが大きな成功につながると教えていたそうです。ルークがある日、川でカヤックをしていたとき、水がオレンジ色になっているところを見つけ、「なぜ水が明るいオレンジ色をしているの？」と聞いてきたとき、ジェーン氏は、「なんでだろうね。どうやったらその理由が解明できると思う？」と促し、それが結果的に、２０１２年のインテル国際学生科学フェアで優勝するプロジェクトにつながったそうです（ルークは９万６０００ドルを賞金として受賞）。そのプロジェクトの中で、数々の小さなステップを繰り返し、最終的にはそのオレンジ色が酸性鉱山廃水によるものだということを発見し、化学的、政治的、環境問題的観点から物事を解明していったそうです。

粘り強さや、失敗からもすぐに立ち直る能力（英語では grit, resilience, perseverance などと言われる）**は、ペンシルバニア大学のアンジェラ・ダックワース教授の研究によると、成功の一番の予測因子だといわれています。**（＊52）ＩＱとはあまり関係がないこの「粘り強さ」を教えるためには、ジェーンが子どもたちにしたように、複雑かつ壮大なプロジェクトを子どもたちに与えて、それを遂行することの大切さを教えることが一番効果的なのではないでしょうか。

⑤世の中の問題は、実は最高のチャンスである

ジェーン氏は、常に息子たちに、身の回りに起こることや社会の問題に目を向けるように育てたようです。それも、ただ問題意識を養うためではなく、**「問題に見えるところに実はチャンスがある」**ということを教えるためだったと言います。これは、高校1年生にして果敢にも膵臓がんの新しい検知法を発明したいと思い立ち、行動に移したジャックの起業家精神あふれる行動からも垣間見られると思います。

また、ジャックはこの新しい検知法を発明したときに、研究を続行するための多角的な支援を受けるため、実験プロトコルと論文、予算、タイムラインなどを記載した事業計画書なるものをジョンズ・ホプキンス大学と国立衛生研究所に在籍する200人の教授と研究者に送付したのです。

うち199名からは断りの返事が来て、たった一人だけ好意的な返事をくれたのが、ジョンズ・ホプキンス大学医学部病理学・腫瘍学・化学生物工学教授のマイトラ博士だっ

たのです。この、ピンチをチャンスに変える視点、何回断られても目的を達成するまで諦めない姿勢は、まさしくこれからの時代に必要とされる起業家的能力ではないでしょうか。

⑥親の辞書に「面倒くさい」はない

ジェーン氏が15分間のＴＥＤトークの最後の方で何回も強調しているメッセージがあります。それは、**親が面倒くさがってはいけない**、というもの。子どもたちは学業で忙しいもの。色々なコンテストやコンクール、イベント、サマーキャンプ、学校等の調査をし、申し込みをし、関係者や教授たちと親しくなり事前準備を進めるのは全て親の役目であり、「面倒くさい」と親が思ってしまったら、何も始まらない、ということです。

ジェーン氏の場合も、二人の息子の本当の才能がどこにあるのか発見するまで、多くのトライ&エラーを繰り返したそうです。ピアノ、バイオリン、水泳、演劇、野球、造形など与えられた選択肢は全て試させて、全部だめだったといいます。最終的に、息子たちの才能はサイエンスの世界で花開くと気がついたのですから、これはもう、やらせてみるしか方法はないのだと思います。ジェーン氏は、**「自分の子どもが18歳になってはじめて、『あなたはどんなことに興味があるの？』なんて聞く親はだめだ」**と言い放ちます。学校というのは、基本的な読み書きや色々な教科を幅広く教えるところであるけれど、子どもの才能を伸ばす場所を学校に求めるべきではないのです。

確かに、学校の成績だけを見ていても、子どもの興味や才能は分かりません。親が仕事もしながら子育てをし、家のこともやって、となると、本当に時間がなくてつい学校やお稽古ごとの先生まかせにしてしまいがちですが、「子どもの才能を見つけてのばす」という20年近いスパンにわたる**壮大なプロジェクトのプロジェクト・リーダーは、他の誰でもない、子どもの親しかいない、**ということを忘れてはならないのです。

子どもの教育をアウトソーシングばかりしてはならない

これは、私の人生における愛読書の一つである、ハーバード・ビジネススクール教授のクレイトン・クリステンセン著の『How Will You Measure Your Life?』（＊53）で彼が書いていることですが、〝子どもの教育をアウトソーシングばかりしてはならない〟のです。

学校、塾、習い事の先生、家庭教師等に子どもの成長を丸投げして、一流の学校に入れたから、成績がオールAだから、「もう、うちの子は大丈夫」ではないのです。子どもは、広く浅い経験から大切なことは学びません。子ども自身が難しい問題に直面し、解決するプロセスで、そこで得た知識をどうするかを学びます。

だから、ピアノにバイオリンにバレエ、中国語とスペイン語、それにアートのクラス……とお稽古ごとを立て続けに詰め込み、夏休みはロンドンでサマーキャンプ、などと忙しくアウトソーシング・プログラムを組み立て、その送り迎えを実行するだけの親になってはいけない、と教授は言います。

クリステンセン教授はこの本で面白いパラドックスを提示しています。ギリシャ神話に登場する「テセウスの船」です。英雄テセウスは、牛頭人身の怪物であるミノタウロスを退治したことで有名でした。

そのテセウスがクレタ島からアテネに帰還した際に乗っていた船を、アテネの若者たちは港に保管しておくことにします。時間の経過と共に、船の色々な部位が朽ちていき、その都度別の木材に置き換えられました。最終的には、船の全てのパーツが置き換えられたとき、これはまだ「テセウスの船」と呼べるのだろうか、という問いです。

これは実は、子育てにも通用するパラドックスなのです。アウトソーシングばかりして、**人生における大事な価値基準や行動様式を学校やお稽古ごとの先生からしか学ばなくなった子どもを、果たして本当にあなたの子どもと言えるのでしょうか？** それとも、その価値を植え付けた先生たちの子どもなのでしょうか？　と教授は問いかけます。

子育てというのは、20年以上かけてはじめて「リターン」が得られる、非常に根気のいるロングタームな投資なのです。

「短期的に高揚感が得られるからといって、仕事やキャリアのことばかりに人生の時間を割いていると、本当に自分が子どもや配偶者とのつながりを求めるときに、彼らはそこにはいないでしょう。なぜなら、投資したものにのみ、リターンはついてくるのですから」という教授の言葉は、ギフテッドの子どもを育てたジェーン・アンドレイカ氏の言葉とどこかつながっているところがあると思ったのは、私だけではないでしょう。

自らの人生設計を変えることもためらわない親たち

事実、私が色々なところで会ったギフテッドな子どもを持つ親たちは、「妥協」、「面倒くさい」、「時間がない」、「アウトソーシング」というようなセリフは逆立ちしても出てくることがなさそうな人ばかりです。

その中の一人が、全米天才児協会で保護者向けサービス部門のマネージャーを務めるニルズさんという女性です。私は彼女の話を聞いて、一人のギフテッドを育てるとはこういうものなのか、と目から鱗が落ちました。

彼女は40歳のときに息子さんを授かったそうで、それまでは自分でマーケティングとPRの会社を経営していました。息子が4歳の頃、当時通っていたモンテッスーリ系の幼稚園の先生から連絡があり、「お宅の息子さんは既に3年生レベルの本を読んでいるので、特別な学校に行かせた方がよい」というアドバイスをもらったことで、息子がギフテッドであるということに気がついたそうです。

その後、ギフテッドの右も左も分からないまま、ギフテッド専門の私立小学校に入学したそうですが、その過程であまりにも親のコミットメントが多く求められるため、仕事をやめて、教育学の修士号まで取得し、今のポジションにいる、ということでした。「自分で会社を経営していたときより、もちろん収入は減ったけど」と笑いながら自分の過去を話す彼女の顔は、非常に清々しく、自身の選択に心から納得をしているようでした。

ギフテッドに対する理解も近所からは得られずに、どうして普通の公立の学校へ行かないのかと、白い目で見られることもあったようです。「子どもがギフテッドであると気がついたその日から、１８０度全く違う人生の旅路に出ることになったけれども、とにかくその旅路の全てを楽しむこと。それがギフテッドな子どもを持つ親の役目でもあるのだから」。目に涙をためながら、彼女はそう話してくれました。

そして、最後に彼女はこう付け加えました。「学校に全ての責任を押し付けるのは間違っています。ギフテッド・チルドレンが抱える、社会的、精神的なニーズや、同志とのネットワーク作り、常にモチベーションを維持できるような学習環境作りなど、それは全て親の仕事なのです」

小学校低学年と高校は妥協するな

もう一人、私が出会った女性にサミという人がいます。彼女の娘もギフテッドであり、現在は14歳にしてバージニア州にあるリベラルアーツ・カレッジで医学を学んでいるということでした。

サミの娘は、前述のパラダイス・バリーのファイヤーサイド小学校でギフテッド教育を受けた後、冒頭で紹介したジョー・ハーディー君と同じ、ハーバーガー・ヤングスカラーズ・アカデミーを卒業した経歴を持つそうです。彼女が私に色々なアドバイスをくれたのですが、その気迫たるや、すごいものがありました。

「小学校低学年は全ての基礎になるので非常に重要なのよ。そして大学進学に関わる高校もね。その二つは絶対に妥協してはだめ。自分の子どもにとって一番よいと思う環境に身を置いた方がよいわよ」

ファイヤーサイド小学校時代のことを聞くと、

「親である私が毎日車を30分以上運転して、送り迎えしていたわ。でも、その価値がある学校だと知っていたから」

小学生以上のお子さんを持つ読者の方であれば共感していただけると思うのですが、小学校というのは非常に親のコミットメントが求められるものです。特にアメリカの場合、授業が午後1時に終わる日も多くあり、親の役目は送り迎えばかりでなく、PTAやボランティアなどで親がいかに学校に深く参加しているかが、子どもの満足度にもつながると言われています。

そして、サミはこう言いました。「娘は5歳になる前にかけ算、割り算などの基本的な関係性を理解していたの。だからそういうものに興味があるのかと思い、とにかく色々なものを見せて、体験させたわ。テレビももちろん活用した。中身のない番組は見せなかったけど」

サミは仕事をやめて専業主婦として娘さんを育てたそうですが、「そこまでしないとギフテッドの子どもは育てられないということなの？」と聞くと、「ケースバイケースだけれど、私の娘の場合はそうだったわね」と話していました。

この章では、仕事を辞め、または新たに教育学の修士号を取得してまで我が子の教育サポートに人生を捧げる親のエピソードを紹介しましたが、実は、今アメリカでは、子どもの教育のサポートに留まらず、子どもの教育自体を、学校ではなく親自身が行う人たちがじわじわと増えており、ホームスクール（またはホームスクーリング）とよばれています。

次章では、アメリカのギフテッド教育の面でも注目されつつある、このホームスクールという手法についてご紹介したいと思います。

第７章　増え続けるホームスクール

ホームスクールとは、名前の通り、**学校に子どもを通わせず、家で親、または家庭教師などが子どもを教育するメソッド**のことを指します。

米国では50州全ての州で合法となっており、1999年には5歳から17歳までの米国に住む子ども全体の1・7%の子どもがホームスクールだったのが、2003年には2・2%（100万人強）、そして2012年には約3%（200万人から300万人）がホームスクールを選択しており、2015年には約4%という報告があります。カリフォルニア州だけで17万人近くの子どもがホームスクールで学んでおり、全体としてはまだまだマイノリティの教育手法ですが、近年さらに注目されてきているのが、このデータからも分かると思います。（＊54）

比較材料として、全米で私立校に通う子どもの数は全体の約10%ですが、減少傾向にあると言われており、数年後にはホームスクーラーの方が増えるかもしれません。（＊55）

ホームスクールで学んでいる子どものうち、80％以上が白人ということで、ほとんどのホームスクーリングが白人家庭によって行われています。残りは、ヒスパニック系（7％）、黒人系（5％）、アジアパシフィック系（2％）という比率です。

ホームスクールを選ぶ理由はさまざま

ホームスクールを選ぶ家庭のほとんどが、最初からではなく、途中からあえてホームスクールを選ぶということが多いようですが、その理由は多岐にわたります。ホームスクールを選んだ親にその理由を、複数回答で聞いた調査では、以下のようになっています。（＊56）

・既存の学校環境に不安があるから（ドラッグやいじめなど）：85％
・宗教的教育を施したいから：72％
・既存の学校での教育指導方法などに満足できないから：68％

また、アメリカは広大ですので、片田舎に住むと近所の定評のある学校まで車で1時間、などということも珍しくありません。また、他には海外出張などが非常に多い家庭など、地理的要因によってホームスクーリングを選ぶ場合も少なくないようです。

そして、ギフテッド・チルドレンなど、**既存の決められたカリキュラムではニーズが満たされない、いわゆる「スペシャルニーズ」な子どもを持つ親の多くがホームスクーリングを選んでいます。**ギフテッド以外にも、例えばＡＤＤ（注意欠陥障害）やＡＤＨＤ（注意欠陥多動性障害）を持つ子ども、身体的精神的障害を持つ子どもなども含まれます。

全米天才児協会エグゼクティブ・ディレクターのリネー・イズラス氏は４人の子どものお父さんであり、コンベンションで挨拶したときも、あたかも自分のセールスポイントのように誇らしげに、「４人のギフテッドな我が子たちをホームスクールで教えている」と話していました。

私自身、ギフテッド認定のＱＡメソッドを担当しているアン氏にインタビューした折に、自分の子どもの教育の選択肢について相談をしたときに、「カリフォルニアではテーラーメードの質の高い教育を与えるために、ホームスクールを選ぶ親が増えているので、それを考えるのも選択肢の一つですよ」と言われて、びっくりしたのを覚えています。

というのも、今まで私の中では、ホームスクールというと、失礼ながら偏見の固まりで、「クリスチャン」で「白人」で「田舎に住んでいる」人がやるイメージだったので、まさか質の高い教育のためにホームスクールを選ぶという手段があるとは思ってもいなかったのです。

その提案に驚きを隠せない私の表情を見て、アン氏は「家族全ての人に大きなインパクトを与える決断だから、私は気軽に勧めている訳ではないですよ」と付け足しました。

日本では少々、なじみにくい概念かと思いますが、なぜアメリカではホームスクールが増えてきているのか、どこがギフテッド教育に適しているのか、どのような手法で教えるのか、社会性をどのように学ばせるのか、など、簡単にご紹介したいと思います。

エジソン、本田宗一郎……。多くの天才が学校になじめなかった

アメリカで一番古い教育法は、親が子どもを家で学ばせるように義務づけるものだったと言われているように、アメリカでは１８７０年代までホームスクーリングは盛んに行われていました。その後公教育などの整備がなされホームスクーラーは減りますが、１９５０年代にその魅力が再認識されるようになりました。そして、１９８０年代以降、

急激に増え始めたと言われています。

ホームスクールで育った人の中には、社会に大きな影響を及ぼした人が多くいるのも、面白い点です。

発明王のトーマス・エジソンも、実はホームスクーラーでした。エジソンは学校になじめず、先生からは劣等生の扱いを受けていました。そして、わずか3ヶ月で小学校を退学してからは、ずっとホームスクールで育ったということです。

彼の数々の逸話の中でいかにもギフテッドらしいなと思うのが、算数の授業で、1＋1＝2というのを素直に受け入れられず、「一つの粘土ともう一つの粘土を合わせたら大きな一つの粘度になるのになぜ1＋1は2なのか？」と先生を質問攻めにしたというものです。そのような強い好奇心から、先生たちを敵に回してしまったのでしょう。退学後は家で独学で化学などを学び、多くの実験や研究に時間を費やしていきます。

また、エジソンに似たタイプの、学校になじめなかった天才として、本田宗一郎氏も挙げられます。彼は学校に全く興味を見いだせず、保護者が成績表に押さなければいけない印鑑を偽造し親の代わりに自身で印鑑を押していたというエピソードがあるくらい、型にはまらないタイプだったのでしょう。

著書『私の手が語る』（＊57）で、手を動かすことが好きだった、と語り、自分に興味のないことを何かにつけて記憶させられることは、たいそうイヤで、漢字の書取りの時間など、頭脳がニゴってしまう気がして「そんなもん、オレはオボエないぞ」と言って逃げ通した、と書いています。興味のないことを強制的につめこまれるように覚えさせられることに強い嫌悪感を抱き、反発した反面、興味のあることには、あくなき好奇心と探究心をもち行動に出る。エジソンに似たタイプなのかもしれない、と彼の著書を読むと感じます。

「学校で教える知識は、すでに定着したもの、過去に属する知識で、それを使って、未来を開拓するということでないと学校の価値はない。私は、そういう過去の知識がないから強い。学校で先生に教わったという過去がないのが、幸いだった。そういう意味でも、学校が人間の価値を決めるのは、とんでもないことだ。私のように、実行し自分の手でつかもうと言う人は学校に行かなくてもいい」というような、一般的な学校というシステムに対する強い批判精神をもち、学校での成績などで生徒の価値をはかることは間違っていると断言さえしています。彼の言葉に背中を押される人も少なくないのではないでしょうか。

アメリカ大統領は32%がホームスクーラー

天才発明家タイプ以外でも、ホームスクーリング経験者は多くいます。私が興味を惹かれたのが、**アメリカの歴代大統領44人のうち、実に32%にあたる14人がホームスクーラーだった**のです。もちろん、時代背景なども関係するとは思いますが、これは単なる偶然ではないのではないでしょうか。1863年に奴隷解放宣言を出し、「人民の、人民による、人民のための政治」とスピーチをしたエイブラハム・リンカーンは、独学で法律を学び弁護士になったことは有名ですが、彼もホームスクーリング経験者の一人です。（＊58）

ただ、ここではっきりさせなければいけないのは、アメリカにおけるホームスクーリングとは、日本で言うところの不登校児のための通信教育とは全く次元が違うものだということです。

日本では、通常の学校教育の万能性に誰も疑問を唱えず、いじめ問題が多発し、自殺する生徒が出ても、学校の中で、教師や生徒がどのようにその問題を未然に防ぐかという視点や教育委員会への責任追及など、規模の小さい議論しかなされません。しかし、そもそも、**全ての子どもが、ましてやギフテッド・チルドレンであれば、普通の教育環境に適し**

ているとは限らないのです。

アメリカでは、一般的な教育手法に疑問を抱く子どもや親の場合、ホームスクーリングなどの方法で教育を受けることができ、それが一般の学校教育と同じように評価され、名門大学へ進む道も確保されています。しかし、今の日本で本田宗一郎のような子どもがいたとしたら、どのような選択肢があるのでしょうか。学習障害がある、発達障害がある、などと「障害」のレッテルを貼られるのが関の山ではないでしょうか。

親に知識と意欲があれば、独自でリサーチを重ね、海外へ留学させるという手もあるかもしれませんが、全ての人にそのような選択肢が可能な訳ではありません。だからこそ、本来は公教育や一般層の中で、多様性のある教育手法が認知され浸透することが大事なのではないでしょうか。

ホームスクールでの教え方

ホームスクールというと、ダイニングテーブルで朝から夕方までずっとお母さん（またはお父さん）と一緒に子どもが勉強しているのだろう、というイメージをもたれがちですが、実は全くそんなことはないのです。

2003年頃には既に40％以上のホームスクーラーが生物学のラボラトリーや、NASAによる学習材料などを使い、オンライン講座を使った学習を行っています。公共の図書館、ホームスクーリング専用のカタログや教科書、宗教団体、そして地域の学校の施設までも利用できるため、一日中部屋にいるということはあまりないのです。

そして**ホームスクーリングの利点の一つが、教室を飛び出して、現実社会での実体験をつめるということ**です。例えば、ボランティア活動、専門家のメンターと一緒に仕事をする、旅行をする、遠足などの課外活動などです。多くのホームスクーラーが飛び級で学習するため、近所の大学の授業などにも触れられます。また、コープシステムといって、ホームスクーリングをしている家族同士が協力し合い、小グループで教えたり、一緒に課外活動をしたりする中で、社会性も育まれます。

ですから、教育熱心で時間のある親にとって、自分の子どものニーズに合わせて教科をデザインできるホームスクーリングは非常に魅力的に映るのです。

ホームスクールで育った子どもの学力はそうでない子の1・5倍？

ホームスクールで育った子どもの学力に関しても、面白い文献があります。

ある研究によると、**２万人以上のホームスクーラーの全国学力テストの平均値を見たところ、全国平均の50％に比べ、76％〜84％という高い数値だった**ということです。またインディアナ州にあるボールステート大学の調査によると、ホームスクール出身学生の大学における成績（ＧＰＡという過去の成績の平均値）は４・００中３・４７だったのに対し、普通の生徒は２・９１だったといいます。（＊59）

また、私も当初意外に思っていたことですが、社会性という観点からも、ホームスクーラーは普通の子どもよりも優れているという研究があります。

合わない環境に自分を無理に順応させたり、いじめにあって自己否定するような環境に身をおかずに、自分にあったカリキュラムで教育を受けてきている子が多いからか、大学に進学した後も、鬱病や不安にかられることが、普通の生徒に比べて明らかに少ないというのです。少し古い研究データですが、１９９２年に子どもの社会性とコミュニケーション能力を測るテストをホームスクーラーとそうでない生徒に実施したところ、ホームスクーラーは84％、普通の生徒たちは23％だったのです。（＊56）

地域の色々な組織や団体に属して独自の学習カリキュラムを組むホームスクーラーが多いことからも察せられる通り、過去にホームスクーラーだった人の70％以上が大人になってからも地域に何かしらの関与（スポーツチームでのコーチ、学校でのボランティア、地域の団体での活動など）をしており、それは普通のアメリカ人の平均（37％）と大きくかけ離れています。

アメリカでは、地域関与はリーダーや成功者の非常に大事な要素と捉えられています。その根底には、ノブレス・オブリージュ（社会的に優位な立場にいるものは、そうでないものに対し貢献しなければならないという考え）があるからだと私は考えていますが、上に立つ人ほど謙虚でなければならない、ということは、私がハーバード・ビジネススクールで学んだこととも一致します。アメリカでは現在次期大統領選挙の話題で持ち切りですが、どの候補者もどの教会に属しているか、どんな地域貢献をしてきているかを必ず話すのは偶然ではないでしょう。

ホームスクーラーのスタンフォード大の合格率は約2倍

そんなホームスクーラーたちの持つ長所に、真っ先に目をつけていると言われているのが、ハーバード大と並び入学が難しいと言われている、スタンフォード大学です。

スタンフォード大の入学審査責任者であったジョナサン・レイダー氏は、２０００年頃からホームスクーラーの受験生の「知的な面白さ」に目をつけ、ホームスクーラー専用の願書チェックプロセスを開発したことで知られています。２００４年には、スタンフォードを受験した27％のホームスクーラーが合格したのに対し、ホームスクーラーでない受験生は10％強のみだったということで、いかにホームスクーラーが有利かを表しています（２０１５年ではスタンフォードの合格率は５％と言われていますので更に競争は激化しています）。（＊56）

「スタンフォード大学では、ただ優秀な学生を探している訳ではありません。若いうちから、複雑なコンセプトを習得し、独自の研究を重ねる力のある学生、そういう強い情熱と探究心をもった学生を探しています。ホームスクーラーは、そういう意味で、意識的に独自の勉強手法や研究をしてきているので、他の学生と比べて優れているかもしれないと考えています」と、レイダー氏はインタビューで述べています。彼は、その力を「知的バイタリティ」と呼んでいます。（＊60）

優秀な留学生の受験生も急増する中、アメリカの名門大学への受験戦争が史上最も過酷なものになっているのは周知の事実ですが、もはや成績がオールA、学力テストで最高点、ＡＰ（大学レベルの授業）コースを修了しているだけでは、名門大学へは進学できない時代が来ています。

そのために、全国レベルでのコンテストで優勝（音楽、サイエンス、アート等の分野）、中学生で起業、高校生で出版などの経験を持つようなスーパー高校生でないと難しくなってきているという話をよく聞きます。

そういう状況ですから、全体の約４％というマイノリティのホームスクーラーというだけで、願書の段階で別の角度から評価され、スタート地点からして有利となってきているのかもしれません。私の周りでも、気のせいかホームスクールを選択する友達が数人出てきているのも、偶然ではないのでしょう。

最も急進的な手法「アンスクーリング」とは

日本の皆さんには、さらに理解しにくいかもしれませんが、最後に、ホームスクーリングの中でも少し極端、かつ革新的な手法「アンスクーリング（Unschooling）」をご紹介します。

アンスクーリングは、文字のごとく、学校に行かないことを指しますが、ホームスクーリングの一つの手法として、1960年代頃からアメリカで確立されてきたものです。60年代のアメリカでは人種差別問題などが盛んに議論され、権威に屈したくない反骨精神を体現したようなムーブメントがどの分野でも起きていました。

子どもたちは内に秘めた知的好奇心を持っていて、それは教室というセッティングでは学べない、という哲学のもと、**朝起きてから、どんな内容のことをどれくらいの時間、どんな教材を使いながら学ぶかを、子ども自身が全て決めます。**ですから、ホームスクーリングの中でも一番急進的な取り組みと言えるのです。

ホームスクールが進んでいる北アメリカでは、ホームスクーラーの10％がアンスクーリングという手法をとっていると言われています。もともとは、ホームスクールのパイオニアと言われているジョン・ホルトという教育評論家かつ作家が提唱した考えで、保護者や教師が子どもに何を勉強するか命令するのではなく、子ども自身が興味のあることを深く追究していく行為こそが真のラーニングだ、という教えです。（＊61）

ジョン・ホルト氏は、教師として長年、教科書と机に依存するシステムに疑問を抱いていました。彼の著書『How Children Fail』（＊62）を読むと、日記形式で日々の葛藤が如実に記載されているのが分かります。教育とはどうあるべきなのか、と考えた結果、彼が生み出したコンセプトが、アンスクーリングだったのです。彼の支持者は確固たるホームスクーリングとアンスクーリングへの信念を持つ人が多く、彼の著書のレビューにも「彼の本を読んだ日から、もう前には戻れなくなった」というような意見が目立ちました。

ホルト氏の言うアンスクーリング・メソッドでは、子どもは興味に基づき必要なスキルを身につけます。例えば、日本では国語の授業の一環として、漢字の読み書きを教えますが、そうではなくて、子どもがメールや手紙を書く中で文字の読み書きを学ばせる、という具合です。また、家で飼育している犬やウサギなどの動物を通して生物学や動物学を学ぶ、というような流れです。

ホームスクールと似ていますが、子どもが主体的にテーマを決め、学習方法も全て子どもが決めるという点で、ホームスクーリングとは対照的であると言えます。

アンスクーリングを特徴とする学校も

「学校に行かない」という意味のアンスクーリングと、一見、矛盾するようではありますが、このアンスクーリング・メソッドをもとに作られた学校もあります。

世界中に50校近くの組織をもつ、サドベリー・スクールがその一つです。もともとは、１９６８年にボストン郊外でダニエル・グリーンバーグというコロンビア大学物理学科元教授により創立された「サドベリー・バリー・スクール」が始まりです。

学校とはいうものの、一切の科目、時間割、カリキュラム、学年という概念は存在せず、生徒は全く自由に時間を使うことが出来る、いわば「野放し」の状態になります。先生も一切指示を出さず、サポートという役回りに徹しています。

当然のことながら、成績というシステムも存在しません。また、他にも特筆すべき点は、学校の運営に関することは全て、生徒参加型の選挙方式で決められます。民主主義に近い形態なので、デモクラティック・スクールとか、自由な学校という意味で、フリースクールなどとも言われます。

デモクラティック・スクールの始まりは、１９２１年のイギリスにそもそもはあると言われています。サドベリーのお手本にもなったと言われているのが、サマーヒルスクールという、イギリスにある全寮制のボーディングスクールです。現在でも全校生徒数約１００人の小規模で、イギリスでは賛否両論あるものの、今も存続している最古のフリースクールです。アメリカのボーディングスクール経験者の私からすると、民主主義スタイルで、かつ生徒の意志により時間が使えるというのは、規律を学ぶこと、学校が決めたルールが第一の一般的なボーディングスクールとは真っ向から矛盾するので、大変興味深いです。（＊63）

読者の皆さんはきっとこれらの話を聞いて、「そんな学校、学校と言えるの？」と思うかもしれません。しかもサドベリー・スクールは、しっかり年間８０００ドル近い学費をとりますので更に不安に思う保護者の方もいるでしょう。

しかし、サドベリー・バリー・スクール卒業生のベン・ロック君（21）はＣＮＮの取材にこう答えていました。

「最初は僕も不安だったんだ。あまりにも極端なアイデアだから」

そんなロック君は、サドベリー・バリー・スクール１年目の頃は、ほとんどビデオゲームをして毎日を過ごしていたそうですが、次第に、教室のとなりにある音楽室に興味を持ち、ピアノを練習するようになり、スーパーマリオのテーマソングへという風に興味がつながってきたそうです。そこから、音楽が、異なる文化でどのように受け入れられているかという内から湧き出る興味を追究するようになり、現在はハーバード大学で脳科学の勉強をしているということです。

サドベリー・バリー・ハイスクールの9割以上の卒業生が、大学に進学するというデータからも、このメソッドが万人受けはしなくとも、一つの教育システムとして評価されるべきだということが言えるでしょう。

他のサドベリー・スクールの生徒も「たくさんの保護者が何も勉強しないいんじゃないかって心配するけど、そんなことはないの。人間とは本来、好奇心を持ち合わせている生き物。少しの間はボーっとしたり、意味のないことをするかもしれなくても、それがすぐにつまらなくなって、何かしたいって思うの」と話していました。（＊61）

これを聞いて、私はオランダの歴史学者ホイジンガが唱えた「ホモ・ルーデンス（ラテン語で遊ぶ人の意味）」を思い出しました。ホイジンガは、人間の本質は「遊び」にあり、その遊びとは決められた空間の中で行う自発的行為のことを指し、一切の利害得失に関係なく、独自で決めたルールで創造する行為こそが、人間を人間らしいものにしている、と唱えています。**遊びという行為の中から、クリエイティビティが生まれる**という訳です。

やりたいことを見つけるのもスキル

ちょっと極端な学校に見えるかもしれませんが、実は、このように自発的に興味があることを見つけ、行動していく能力こそが、これからの社会で必要なスキルなのではないかとも思います。

決められた時間割で、決められた教科書を読み、決められた評価基準に従い、決められたものを暗記することが求められる今日の子どもたちに、そのようなスキルを求めるのは矛盾しているのではないでしょうか。

私も、過去に出版した著書を読んでくれた優秀な若者から時々、感想をいただくのですが、「海外で働きたいという思いはあるけれど、何をすればよいのか分からない」とか、「このままではだめだという焦りはあるけれど、何がしたいか分からない」というような根源的な悩みを抱えている人が結構います。

実は、やりたくないことよりも、やりたいことを見つける方が難しいということは、大人である私たちならなんとなく感覚的に分かるのではないでしょうか。サドベリー・スクールの生徒たちは、その**「やりたいことを見つけて行動する」スキルを10代で身につけ**

ることができるのです。

無駄なものはどんどん排除して、興味のあることだけを伸ばす。私がハーバード・ビジネススクールで学んだリーダーシップ論の一つにも、「短所をうめるのではなく、長所を伸ばし、エッジのあるスパイキーな（尖った部分がある）人間になった方がよい」というものがありましたが、まさしくそれと重なる部分があると思います。

私自身も、そこまで極端な信念ではなかったのですが、やはり、決められたレールをぐるぐる走り続ける鈍行列車に乗って揺られているだけの一乗客でよいのだろうか、それでも自分の人生を生きていると言えるのか、という出口の見えないもやもやした疑問を自分に持ちかけたのがきっかけで、16歳のときに英語も喋れないまま単身でアメリカ留学を決意したという経緯があります。もし、あの時の自分がサドベリー・スクールのような教育環境におかれていたら、アメリカ留学をしていなかったかもしれません。

サドベリー・スクールは、世界中にそのネットワークが広がっており、ドイツ、ベルギー、カナダ、イスラエル、オランダ、オーストラリア、そして日本にもあります。日本には、東京サドベリースクール（http://tokyosudbury.com/）をはじめ、９校のサドベリー・スクールが全国に存在します。

第 8 章　日本でできるギフテッド教育

アメリカでもジワジワ増えつつあるホームスクーリングという教育法について色々と紹介しましたが、読者の皆さんの目にはどう映ったでしょうか。我が子の教育にもそのエッセンスを導入したい、と思った方も少なくないのではないでしょうか。そんな親御さんのために、まずは、日本にいても、共働きでも導入可能な「プチ・ホームスクーリング」のヒントを展開したいと思います。

プチ・ホームスクーリングのヒント

その① 週末を活用する

共働き夫婦の場合、小学生のお子さんは放課後、学童保育または民間のアフタースクールに通うケースが多いと思います。または、高学年になれば塾に通うという選択肢も増えてくるでしょう。そうすると、お子さんと時間を過ごせるのは週末のみになります。幸いにも日本は3連休が毎月のようにあるので、是非連休を利用して、お子さんと向き合ってみてください。塾や学校の宿題を、まずは見てあげるのがよいでしょう。

私の場合、ホームスクーリングと言えるかどうか分からないのですが、毎晩、ピアノのレッスンと算数を一緒にやる時間を設けています。夫の場合、決まったスケジュールではないのですが、夜や週末の朝などに、娘に囲碁を教えています。ここで**大事なのが、習慣化すること**です。囲碁などは子どもに教えやすい内容の本も出ているので、我が家ではそれを購入し、コンセプトベースで、例えば「今日はコウ（お互い何度でも一子を取り返せる形）をやろう」などと決めて、娘と取りかかります。

親は教師として子どもに接する経験がないと、感情的になってしまうこともあるので、習慣化することが大事だと思います。

その②　ツールや材料をそろえる

我が家では、娘が顕微鏡が欲しいと言ったのを機会に、子ども向けのおもちゃの顕微鏡ではなく、大人まで使える本格的な顕微鏡を購入しました。同時に顕微鏡で見るための標本セットなども購入し、いつでも興味があれば見られるようにしました。そして、たとえば公園やハイキングなどに出かけて見たことのない葉っぱや花を見つけたら、「家に帰って顕微鏡で見てみよう」と促します。

また、娘は学校でサイエンスが好きだということが分かったので、ロックコレクションといって、様々な種類の石（変成岩や火成岩など）が50個ほど集められたセットを購入しました。アマゾンでレビューを読んでいると、「ホームスクールしている我が家の理科の授業にぴったりの教材です！」というような内容も多かったのが印象的です。

そこでも、ただ石を虫眼鏡で眺めて、「きれいねえー」では終わらせず、体系化して、石がどのように出来るのか、どうして違う種類があるのか、という話をします。ただレクチャーのように話すのではなくて、例えば恐竜が化石になる過程など、娘が興味をもつであろうテーマを軸に、石の形成プロセスを話す、というユニット・スタディというフレームワークを使っています。

ジャック・アンドレイカ君の育った家も、地下は化学実験室となっていたそうで、ものを燃やしたり、危険な薬物を使わない限り何をしてもよいというルールで、ジャックとルークは、週末になると朝から地下に閉じこもって色々な実験をしていたそうです。**材料や環境を整えておくのは、親の役目**と言えるでしょう。

その③ よい本を読み聞かせるのにお金と時間を惜しまない

②ともつながりますが、本から学ぶことは計り知れません。また、ギフテッドに限らず、普通の学校でもよく言われることですが、**あまり早いうちから文字のみの本を導入することにこだわらず、絵本の重要性を理解してください。**

私も、それを念頭において、写真やイラストがたくさん入っている、知的好奇心を促す本をたくさん買って、テレビや iPad の前に、本やお絵描きを勧めるようにしています。私が親として一緒に読んでいても面白いなと思う本は、例えば、スミソニアン博物館とコラボして作られた恐竜の図鑑『Dinosaur!』（＊64）。ページ数も多く、絵もきれいで、化石が作られる過程や考古学者の研究方法なども載っており、読んでいて飽きません。私もこの本でかなり恐竜に関する知識を得ました。

ナショナルジオグラフィック社が出版している子ども向け科学本も非常によい買い物でした。『First Big Book of WHY』（＊65）では、科学や医学に関する「なぜ？」を子どもでも分かる言葉で説明していて、例えば、「どうして虹は出来るの？」「どうしてお風呂に入ると指がしわしわになるの？」「トイレの水は流した後どうなるの？」「どうして船は水に浮くの？」などの子どもが誰でも疑問に思うような質問が満載なので、知的好奇心を促すのにとてもよいと思います。この同じシリーズを我が家では何冊かそろえているのですが、『First Big Book of SPACE』（宇宙に関する本）『First Big Book of ANIMALS』（動物に関する本）『First Big Book of WHO』（偉人に関する本）などもおすすめです。

偉人に関する本といえば、ギフテッドの大川翔君を育てたお母様の栄美子さんの著書『9歳までに地頭を鍛える！37の秘訣』にも伝記を読ませることが大事だと書かれていました。翔君が5、6歳のころから偉人伝を読み聞かせていたそうで、その過程で「歴史に親しみを持つ」「倫理観を学ぶ」「逆境に立ち向かい、乗り越えたのかを知る」という利点があった、と書かれています。

偶然にも、私が属している全米天才児協会でも、**「ギフテッド・チルドレンには伝記を読ませるように」**という内容のセミナーがあった程で、理由は同じく、偉人と言われている人たちも、多くの失敗を繰り返してきたということを学ぶことで、自信をつけることができる、というものでした。

その④　子どもからの質問は丁寧に受け止める

「なぜなぜ期」という言葉が日本にはありますが、これは3歳前後の子どもに見られる特徴で、「なんで？　なんで？」と親を質問攻めにする時期を指します。

多分読者の皆さんのお子さんにもそのような時期があった、または今もそうなのではないでしょうか。私の娘の場合、なぜなぜ期が独立したフェーズとしてあった訳ではなく、常になぜ、なぜ、と質問してきます。それが突発的なものもあれば、娘の中でシリーズ化している質問もあるので、親も同時に調べ勉強しないと答えられなくなってきます。

たとえば、うちでは宗教的な教えはしていないのですが、娘は定期的に神様のことを聞いてきます。この間、「この世で最初に生まれた人間は誰なの？」と、突然質問されて、焦ったことがあります。その後、色々調べ上げ、マサッチオの「楽園追放」の絵などを見せながら、自分が話せる範囲で説明しました。

このように、**子どもからの質問は、子どもを育てるチャンス**なのです。そして、質問をしてくるということは、そこに知的好奇心があるということ。どんなに忙しくても、子どもからの質問を決して煙たがったりせずに、真摯な姿勢で受け止め、答え、質問を返して次の話につなげる、そのようなやりとりで子どもの知的好奇心は育つと思います。

同時に、私がいつも娘に言っているのは、「下らない質問なんて、この世にない」ということ。これは、私がハーバード・ビジネススクールで身につけたことの一つなのですが、実は質問をするってとても勇気のいることです。だからこそ、**答えを知っていること**

よりも、質問することの方が大事なんだということを常日頃から言って聞かせ、質問する勇気を育てることも親としての重要な心がけだと思います。

その⑤　ビジュアル・ラーナーvsオーディトリー・ラーナーを理解する

ギフテッドの世界でよくあがるコンセプトとして、ビジュアル・スペーシャル・ラーナー（visual-spatial learner）vsオーディトリー・シークエンシャル・ラーナー（auditory-sequential learner）というものがあります。ビジュアル・スペーシャル・ラーナーとは、視覚／空間学習能力が高い人を指し、脳科学的には右脳の主な機能に関わることを指します。オーディトリー・シークエンシャル・ラーナーとは、聴覚／逐次的学習能力が高い人を指し、主に左脳の機能に関わることを指します。

コロラド州にあるギフテッド開発センターの理事長をしているリンダ・シルバーマン心理学博士によると、その割合は次のようでした。（＊66）

シルバーマン博士が７５０人の小学校４年生から６年生までの生徒を対象に調査を行ったところ、約30％の子どもが非常に高い数値でビジュアル・スペーシャル・ラーナーの傾向をもち、そして約30％がビジュアル・スペーシャルの学習スタイルをどちらかというと好む、という結果が出ました。**全体の約3分の2を占める生徒が、視覚的空間的な能力に長け、それに沿った学習方法を好む**というのは驚きの結果です。

そこで、自分の子どもがどちらのタイプに近いか（必ずしも全ての子どもが黒か白のようにはっきりとどちらかのタイプに属する訳ではないので、あくまで傾向として）を知っておくことは、家庭で勉強を教える際にも役立つと思います。

具体的には、もし自分の子どもがビジュアル・スペーシャル・タイプだと思う場合は、

・細部を教える前に、まず全体像を見せること
・可能な限り視覚的なツール（絵、チャート、グラフ、パズル、単語カード等）を使って教えること
・概念を頭でイメージするよう促すこと
・ドリル学習や繰り返し単純なタスクをやるような暗記式学習は避けること
・独自の回答方式を認めること（答えまでの順序を必ずしも説明できなくてもよしとする）
・時間制限のあるテストは避けること（特に他の生徒と同時に行う場合）
・パターン認識テクニックを活用すること
・言葉で説明するのに時間を与えること

・将来的には手書きよりもキーボードを勧めること
・デザイン、構築、工作などのアクティビティを通して教えること

などに注意しながら教えると効果的だとシルバーマン博士は言っています。（＊67）

私の場合も、娘がビジュアル・スペーシャルの傾向があると専門家に言われたことで、色々なことに納得できました。私が家で教える際も、すぐに「どうして答えが5になるの？」という質問に娘が返答しなくてもイライラしないですみますし、負の数を教えるときも、言葉だけでは理解が難しいところも、チャートにしたら一発で理解できるようになります。数学以外の教科を教えているときでも、なるべく写真などのイメージ画像を見せるようにしています。

反対に、**子どもがオーディトリー・シークエンシャル・ラーナー**（**聴覚／逐次的学習能力が高い人**）**の傾向が強い場合は、一般的に学校で行われている学習方法でうまくいくことが多い**と思います。簡単なコンセプトから教えて、次第に複雑かつ難易度の高いものに進んでいくという手法です。また、暗記式、ドリル式作業も上手にこなせる場合が多いの

表4　視覚型と聴覚型の特徴

ビジュアル・スペーシャル・ラーナー（視覚／空間学習能力が高い人）	オーディトリー・シークエンシャル・ラーナー（聴覚／逐次的学習能力が高い人）
・視覚で物事を考える（言語ではなく） ・空間把握能力が高い ・全体像を理解するのが得意だが、細部を見落とすことがある ・地図を読むのが得意 ・手書きよりキーボードを使って文字を書く方が得意 ・独自の整理整頓法を生み出す（多くの場合机がごちゃごちゃしていても気にならず、独自の手法で整頓する） ・関係性を理解することで学習する ・複雑なコンセプトを簡単に理解するが、単純なスキルに苦労する ・単純作業や繰り返し作業、ドリル学習などは不得意 ・ステップごとに学ぶのが不得意 ・先生の態度に敏感に反応する ・幾何学や物理学が得意 ・他の言語は自分を新しい環境におくことで学ぶ ・時間にルーズである ・クリエイティブで、音楽的なこと、機械や技術的なこと、感覚的なことに長けている ・直感的に問題を解くため、ステップバイステップで、答えを導きだした過程を順序立てて説明したり、言葉にするのは難しい ・みんなの前で話をするのが苦手 ・複雑なパズル、レゴ、迷路、テトリス、チェス、工作、理科の実験、コンピュータープログラミング等が好き ・多くの場合、大器晩成型	・言葉で物事を考える ・聴覚に長けている ・先生の順番立てた指示を耳で聞いて行動にうつせる ・簡単なことから始めて難易度の高いものまでを順番に習得する ・細部に注意を払うことができる ・フォニックス（英単語の綴りと発音の規則性を理解し読み方を学ぶ手法）が得意 ・文字を綴りながら発音できる ・何かを学ぶためには繰り返し同じことを行う必要があるときもある ・指示から学ぶことが得意 ・机がきれい ・感情に左右されず学ぶ ・代数学や化学が得意 ・学校の成績が良い ・教室という環境で第2言語を習得できる ・成長が早い

で、導入しやすいでしょう。そして、英語を教えるときも、フォニックス（綴り字と発音との間の規則性から、正しい読み方を学習させる方法）で学ぶことが得意な場合が多いので、フォニックスのＣＤ等を購入し車の中で流すというのもよいアイデアだと思います。

その⑥　自然に触れる時間を持つ

ジャック・アンドレイカ君の自伝を読むと、いかに彼が科学への興味を普段の自然に触れ合う生活の中で養っていったかが分かります。彼は、「森に囲まれて育った」と言っていますが、いつも学校から帰ってきたらお兄さんのルークと一緒に森に繰り出し、モグラやリス、ヘビなどを探しに探検に行っていたそうです。サラマンダーを見つけに行ったこともあるそうで、見つけたときは、捕まえてよく観察してから森に返した、と当時の様子を詳細に語っています。

また、カヤックなどの水に関するスポーツや趣味のカニ釣りもジャックにとっては、その後サイエンティストとして開花する大きなきっかけになりました。亡くなったテッド叔父さんと一緒に釣りに出かけたとき、例年と比べてカニが釣れない年があったそうです。水質に関する専門家だった叔父さんは、「みんなが庭の植物や芝生にまく肥料が家庭廃水として海に流れて、そこから藻がたくさん形成される。たくさん藻が増え過ぎて水を覆うようになると、太陽光が水に入るのを妨げて、結果、水中の酸素レベルが不十分になり、カニは死んでしまう」という話をしてくれたそうです。

それを聞いてジャックは、海のエコシステムがどのように人間につながっているか、人間がどのような影響を及ぼしているかなど、深く興味を持つきっかけになった、と語っています。お兄さんのルークも同じように、カヤック中に水の汚染に気がついたことをテーマにした研究で、インテル国際学生科学フェアで優勝しましたが、このように、**常日頃から自然の中に身を置くことで、生物や科学に対して、それが教科書で学ぶだけの学問ではなく、自分の生活にどのように関わっているかを体で理解することができます。**

ギフテッドの大川翔君のお母さんの大川栄美子さんも、「何事も体験が大事」と言い、翔君が小学校に上がってからの毎年の夏休みのテーマは大自然と決め、家族旅行を通して大自然に触れ合い、五感を鍛えていたそうで、「大自然が脳を癒す」と語っています。

我が家では、ほぼ毎週末家族でハイキングに行き、その際必ず双眼鏡を持っていくようにしています。野生のシカやモグラが見られるので、娘だけでなく、まだ１歳にもならない息子も、非常に楽しそうにしています。定期的に行うことで、気候の変動と共に見られる自然の変化も発見できます。都会に住む皆さんも、週末を利用してお子さんと一緒に、定期的にハイキングやキャンプ、海や川に出かけることをおすすめします。

その⑦ 送り迎えの時間も有効活用

働く親にとっても、働いていなくても、移動時間は常に有効活用したいものです。特に車社会のアメリカでは、子どもの送り迎えの時間というのは、ちょっとしたプライベートな空間で、使い方によっては非常に生産的な時間になります。ジャックとルークのお母さんの場合、運転中に「もし太陽がなくなったらどうなると思う？ 始め！」と突然質問をし、ジャックとルークが競い合ってアイデアを出していたそうです。ルークは即座に「地球の軌道が狂うよ！」と叫ぶと、ジャックが「すっごく寒くなる！」と負けじと言います。ルークは、「太陽が無くなったとしても、最初の8分間は分からないよ。光が地球に届くのにそれくらい時間がかかるからね」と弟に対して上から目線のコメントをします。そこで、両者のアイデアが出尽くしたところでお母さんは次の質問を投げかける、というわけです。

兄弟がいなくても、親と子どもで同じように、**クイズ形式で面白い会話を楽しむことで、思考力、想像力、瞬発力なども養われる**のではないでしょうか。

その⑧　親の仕事場を見せる、仕事の話をする

ジャック・アンドレイカ君は、お母さんが麻酔科医であることに幼い頃から興味を持ち、手術を見たいとせがんでいたそうです。お母さんは子どもにそんなものを見せるのも、と最初はとまどっていたようですが、ついにある日、手術の現場を小学校２年生だったジャックに見せました。

麻酔科医であるお母さんの仕事はあまり「面白く見えなかった」ようですが、患者の足の皮膚を切り取る手術を40分間にわたり冷静に行った外科医を見て、「一秒ごとに魅了された」そうです。それからというもの、毎晩読み聞かせの時間は本を読むよりも、お母さんに仕事の話や、どのように麻酔が機能するのかの話などを聞くことの方が面白かったといいます。

その後のジャックの医療に関する興味やその分野での活躍を見ていると、子どもが小さいうちから仕事の話をし、どんなものか見せるのは大事なのではないかと思うのです。直接的に親の仕事に興味を持たなかったとしても、親の別の側面を見ることは子どもの成長につながるのではないでしょうか。

アメリカではよく、物事を説明するときに“Show, Don’t tell（話すのではなく、見せてみ

ろ、という意味。百聞は一見に如かず)」と言います。これは高校や大学で学ぶ学術論文や作文の根本で、自分の伝えたいことを、ただ述べるだけではなく、それを証明するデータを見せて根拠を述べたり、実際に何かを見せて伝えるべきだ、という考えにも通じます。

それと一緒で、親の仕事も、可能であるならばジャックのお母さんのように仕事場を見せることが出来たら子どもの想像力も鍛えられると私は思います。

その⑨　早い段階で子どもの方向性を見極める

グーグルの共同創設者であるソビエト移民のセルゲイ・ブリン氏は、子どもが自由に学ぶことを決められ、学年の境がない環境を提供するモンテッソーリ系の学校に通っていたことで有名ですが(もう一人の創設者ラリー・ペイジ氏も同じくモンテッソーリ系の学校に通っていました)、ブリン氏の場合、お父さんがメリーランド大学の数学教授だったこともあり、幼少の頃から家で本格的に数学を学んでいたそうです。また、6歳でアメリカに移民後、ロシア語を忘れないために、ロシア語も家で本格的に学んでいたということです。

このように、ある程度早い段階で子どもの方向性や興味のある分野を見極め、または、親の得意分野、ということでも良いと思うのですが、そこを重点的に親が空いている時間に教える、というのは非常に効率的だと感じます。その数学の基礎があってこそ、スタンフォード大学コンピューター・サイエンスの博士課程まで進み、グーグルの検索エンジンを生み出すことができたと言えるからです。

もちろん、ジャックとルークの母であるジェーン氏が話していたように、**興味がある分野が分かるまでは、トライ&エラーで色々なことを子どもにやらせてみることが大前提です。**早い段階で色々トライさせて、だめだと思ったらさっさと次にうつってみる。石の上にも三年、などと言っていたら一番大切な時間を失ってしまいます。

本来、子どもの本質を一番見抜いているのは他の誰でもない親のはず。あんまり楽しんでないな、始めてみて半年経つけど大きな進歩はないな、子どもが暗い顔をしているな、そういうサインから、どんどん子どもの興味を見極めて次へうつることが大事なのではないでしょうか。そして、これだと思う分野があれば、そこをさらに伸ばすほうが、よい時間の使い方と言えるでしょう。

私の場合も、娘に3歳のころまずバイオリンをやらせてみたのですが、先生との馬も合わず、何より数ヶ月たってみてもあまり娘がやる気を出していないのを見て、ピアノに変えてみました。ピアノに変えたところ、先生も素晴らしく、娘が自発的に「今晩ピアノの練習しないでいいの？」と言ってくるまでになり、今もずっと続いています。

その⑩　マルチメディアを活用する

私が会員である全米天才児協会では、定期的に会誌を発行しています。ギフテッド教育の先駆者である様々な専門家が、論文を発表する場でもあります。その会誌に、「詩とアートを使ってどのようにクリエイティビティを子どもたちに教えるか」というテーマで、ギフテッド教育で有名なパデュー大学の博士課程に在籍するチー・パートンという学生が論文を発表しており、非常に興味深く、また一般家庭でも導入可能だと思ったので皆さんにもご紹介したいと思います。

パートン氏はアートの手法を英語（国語）の授業に導入しクリエイティビティを養う方法論に関する研究を専門としています。

たとえば、以下のような手法でクリエイティビティが養われるとパートン氏は論じています。簡単にまとめると次のようなプロセスになります。

1　『よい詩とは何か?』について議論させる

2　□だから、詩とは□である、の空白を埋めさせる

3　複数の子どもがいれば、みんなで2のアイデアを持ち寄り議論させる

4　次の日、子どもに日記を書かせる。どんな気持ちでいるかという感情を文字にさせ

る

５　新聞紙、キャンバス、パレット、絵の具などを子どもに渡す

６　今の気持ちを表した抽象的な絵を書かせる（抽象的なというところがポイント）

７　修辞技法、表現技巧（直喩、比喩、擬人法など）を使いながら、昨日の工程２で書いたメモをもとに、自分の書いた絵に関する詩を書かせる

８　書いた詩に関して議論する

私が面白いと思ったのは、全ての子どもが詩人や作家にむいている訳ではないにせよ、自分の感情を、まず抽象画という形で表現し、次はそれを修辞技法を用いた詩という形に昇華させることで、表現力も養われ、国語の授業で必要なテクニック（擬人法、比喩法など）も学ぶことができ、そして、**自分の感情という一つのテーマが、いかに多面的な要素を持ちうるかを体で学び取ることができる**ところです。

イメージでいうと、三次元で物事を学んでいるのです。日本では、例えば詩の授業だと、有名な詩人の詩を読み、それに関して技法やテーマを議論し、自分で詩を作成する、というように、あくまで「詩」という概念からはみ出ないで授業をすると思いますが、このように文字、議論、そしてアートを複合的に組み合わせ教えることで、クリエイティビ

ティが養われる、ということなのです。

これはギフテッドの子を持つ親やホームスクーリングに興味のある親御さんに役立つ情報だと思います。どんなテーマでも、マルチメディア（絵、音楽、工作など）を活用して教えるというのは、非常に効果的な手法です。（＊68）

その⑪　世界規模のコンテスト等に積極的に参加する

多くのギフテッド・チルドレンが、学校ではなかなか才能を開花させることが出来なかったり、誤解されたりするケースが多いのですが、その反面、サイエンス・フェアなどの**国際的なコンペティションに参加することで、自身のアイデンティティを構築し、自信をつけていくケースが多い**ように感じます。

多様性を重視するアメリカとはいえど、やはり小学校や中学校などの多感な時期に、周りと違ってギリシャ神話の本ばかり読みあさったり、ＳＦ小説ばかり読んでいるのは、一般常識に反することなのかもしれません。でも、コンペティションでは、本来の自分の姿が発揮できる。そしてその努力が他者から認められ、次につながる。せっかくのギフテッドという才能を生かすためにも最高の舞台だといえるでしょう。

具体的な例を挙げると、**多くの理数系ギフテッドが自分の居場所を見つけたという、イ**

ンテル国際学生科学フェアなどがあります。もちろん、このフェアは世界最高峰の学生向け科学フェアですので、その前に地域レベルでの科学フェアに参加し、選出されないといけません。日本では、日本学生科学賞（http://www.jssa.net/）と、高校生科学技術チャレンジ（http://www.asahi.com/shimbun/jsec/）の二つが提携しており、それぞれから最大８つの研究を、インテル国際学生科学フェアに派遣できるようです。

２０１６年度の高校生科学技術チャレンジから派遣される８人の高校生を見てみると、スーパーサイエンスハイスクールに認定された千葉市立千葉高等学校や、横浜市立横浜サイエンスフロンティア高等学校の生徒などが目立ちます。サイエンスフロンティア高等学校は、ノーベル物理学賞を受賞した小柴昌俊教授がスーパーアドバイザーを務めていたことでも有名です。

他に、**国際数学オリンピックなどもよい例でしょう**。こちらも、日本だけで行われる、日本数学オリンピックから派遣される必要があります。国際数学オリンピックでは、一カ国から最大で6人の生徒が派遣されます。これまでの金メダリストには、女性としては初めて金メダルを受賞し、その後、東京大学で数学を学んだジャズピアニストの中島さち子氏などもいます。ジュニアの部や、女子生徒に特化した数学オリンピックも用意されているので、色々な角度から参加を狙うというのは戦略の一つです。

学校が、生徒のコンテストへの派遣を応援しなかったり支持しない場合もあると思いますが（アメリカでも同様のケースがあります）、その場合もやはり、「親の辞書に面倒くさいの文字はない」の精神で、親が全てをリードし、あらゆるコンテストの情報を入手し、準備し、参加までつなげることが大事だと思います。

このような国際規模のコンテストは、必ずしもＳＴＥＭ（科学、技術、工学、数学）分野にのみ与えられた特権ではありません。例えばお子さんが創造力の面でギフテッドだった場合、アートや音楽のコンペティションに参加することも可能です。とにかく、早い段階でお子さんの才能が、第三者から認められ、評価されることが大事なのです。そして、どんなコンペティションがあるかを調べるのは、親の仕事だ、ということです。

その⑫　ギフテッドに関する組織に積極的に加入する

アメリカに住むギフテッド・チルドレンを持つ親の話を聞いていると、いかに他のギフテッド・チルドレンと過ごす時間を確保して情報をシェアするかが重要であると感じます。私が属する全米天才児協会もその一つですが、他にも、全米天才児ソサエティ（http://www.nsgt.org/）など、たくさんの組織や団体があり、世界中から会員が加入しています。

とはいえ、活動は、ほぼアメリカで、英語のみで行われており、日本支部がある協会はギフテッドという枠組みではまだあまりないのが実情です。ただ、知能指数が非常に高い人の集まり、という枠組みで見れば、選択肢は増えます。

たとえば世界規模で有名な組織でいうと、第１章でも紹介した、**人口上位２％の知能指数を有する人のみが加入できる非営利団体のメンサ**などが挙げられます。イギリスに本部を置き全世界で会員数は約12万人。アメリカにはメンサ・アメリカがあり、会員は約５万人、日本にあるメンサ・ジャパンという支部には、会員が１８００人ほどいて、脳科学者の茂木健一郎氏も会員です。

会員になると、同じようにＩＱの高い人たちとの交流会や、スピーカーを招いた数々のセミナーなどに参加できる他、例えば、ブリティッシュ・ヤング・メンサクラブ、物理メンサクラブなど、地域別、年代別、興味別に色々なメンサの集まりがあるので、交流の場を広げることが出来ます。世界中にあるメンサクラブに参加できるので、大人になってから加入する人が多いようです。中には、現在は専業主婦だけど自分の知的興味を満たしたくて加入した、という人もいます。大学受験や就職活動に、どれだけ「メンサ会員」であることがプラスになるのかは、断定的なことは言えませんが、一つの称号としてメンバーシップを取得する人も少なくないようです。

本格的にギフテッド教育を始めたい人のためのステップ

そもそも日本では、ギフテッド教育という概念がまだあまりなく、ホームスクーリングも合法でなく、文科省から学校として認められてもいないので、できることは限られます。それでも、ギフテッドな我が子のために少しでも時間を割きたいという親御さんには、以下のような具体的なステップをおすすめしています。

①アメリカのホームスクーリング用教材を使う

まず、教科別にホームスクーリング用の教科書を用意します。アメリカの場合、たとえば、多くの賞を受賞しているタイムフォーラーニングという会社（http://www.time4learning.com/）は、ホームスクーラー、または放課後や週末用に学年別、教科別で様々なコースをオンラインで提供しています。

料金は、中学生までの場合、生徒一人につき月々約20ドルとお得感があります。オンラインですので時間や場所に左右されず、その場でテストなどの採点もしてくれますし、色彩豊かなコンテンツを見ながらマウスをクリックしたりする作業をすることで、パソコンスキルも養われると思います。特に低学年のギフテッド・チルドレンにはこのようなオンライン・コンテンツをどんどん利用して、学年を飛ばして教科ごとに勉強できるのでよいアイデアだと思います。残念ながら、まだ全て英語ではありますが、近いうちに日本語訳される可能性もあるようです。

また、教科書を購入して机に向かって勉強を教えるという伝統的な手法でもプチ・ホームスクーリングは可能です。教育関連の出版ビジネスでシェアトップを争うイギリスの会社のピアソン社（傘下に持っていたフィナンシャルタイムズ紙を２０１５年日経に売却したことで日本でもニュースになっていました）が運営するホームスクーリング専門のサイト（http://www.pearsonhomeschool.com/）では、学年別、教科別に様々な教科書が販売されています。

そしてできれば、同じ地域に住む仲間で、プチ・ホームスクーリングに興味のある親御さんを見つけ、オフラインのネットワークを構築していくことも重要です。そうすれば、ある週末はコンピューター・サイエンス教科担当のさくらちゃんのお父さんがその他の子どもをみんなまとめて授業して、その次の週末は、クッキングを通して化学を学ぶという授業を、タロウ君のお母さんがみんなに教えることもできます。他人の子どもも一緒に教えれば、親御さんもつい感情的になってしまうこともなく、効果的だといえるでしょう。

また、高校生くらいの子どもであれば、放課後や週末を利用して、近所の大学、短期大学、またはオンライン大学の授業を可能であれば受講させるというのも選択肢の一つです。そもそも、ホームスクーリングでギフテッド・チルドレンを育てたいと思う親であれば、偏差値という枠組みで大学に進学させるということにそこまで思い入れがない人が多いと思いますが、もし、日本の大学へ進学させたい場合でも、受験勉強が忙しくなる前であれば、週末や夏休みを利用して生徒個人の学びへの意欲をアップさせる機会を設けることは不可能ではないでしょう。

いずれにせよ、親として大事なことは、長期的ゴールを「○○大学入学」にしないことです。**我が子にとって一番学びの意欲があがる環境は何なのか。一生をかけて新しいことを学び、挑戦しつづけ、内から湧き出る情熱を見つけ、行動にうつす能力のある子どもにどのように育てるのか。**マインドセットを根底から変えて、そのようなもっと根源的な指針を持ちながら、親は子どもに接するべきなのではないでしょうか。

②レディー・ガガ、マーク・ザッカーバーグも通ったサマーキャンプ

リアルでギフテッド教育にふれる一番オーソドックスな方法はサマーキャンプです。サマーキャンプの中には、ギフテッドに特化したものもあり、また、面白いのがアメリカの名門大学がその一環として子ども向けサマーキャンプを実施しているところです。アメリカでも多くのギフテッド・チルドレンが夏休みを利用して学びの楽しさに触れています。

その中でも**一番有名なプログラムの一つが、ジョンズ・ホプキンス大学が運営する、Center for Talented Youth（CTY）というサマー・プログラム**です。これは１９７９年に同大学とジュリアン・スタンレー心理学博士により開発された、ギフテッド・プログラムであり、毎年１万人以上の小学校低学年から高校生までがアメリカを始め世界中（アイルランド、ギリシャ、中国、香港、メキシコなど）から参加するプログラムとなりました。

このプログラムへの参加は、高学年になるほど難しいと言われていて、７年生（中学１年生）の場合、全米でトップ１～５％のスコアを学力テストで出していないと参加できません。受かった場合、３週間のセッションに参加するのですが、キャンプが行われるのがジョンズ・ホプキンス大やプリンストン大を始めとするアメリカの有名な大学のキャンパス内なのです。小学校低学年のプログラムの場合、昼間のみの時間で３週間展開されるのですが、これも全国の大学や高校などのキャンパスで行われます。

7年生以上のメインのCTYのコースでは、1つの特定教科を、普通の学生が1セメスター（4ヶ月間の学期）かけて習うことを1日5時間、3週間で学びます。授業の後は90分間の「Mandatory Fun」と呼ばれる強制的な遊びの時間が設けられ、そして夕食、2時間の勉強時間、睡眠、という、まるで強化合宿のような3週間が用意されています。

CTY卒業生のメーガン・オルーク氏は、当時3週間かけて地質学を学んだCTYの経験を、「オタクのためのサマーキャンプだったけど、大好きだったから、翌年も通った」と語っています。彼女はその後、名門イェール大学でジャーナリズムを学び、ジャーナリストになりました。（＊69）


CTYの卒業生には、冒頭でご紹介したギフテッドの**天才ハッカー、ジョージ・ホッツを始め、レディー・ガガ、Facebook創設者のマーク・ザッカーバーグ、そしてグーグル創設者のセルゲイ・ブリン**等、様々な分野の天才たちがいます。

CTYと並んで有名なのが、**デューク大学が運営するTalent Identification Program（TIP）**です。こちらも2010年には3000人以上の生徒を受け入れ、大規模なギフテッド専門サマーキャンプとして広く知れ渡っています。

ＴＩＰ卒業生のアリソン・スチュービー博士（現在は産婦人科医）は、「中学生でギフテッドとラベル付けされることは、死を意味すること。でも、ＴＩＰでは、自分と同じような情熱を持った知性のある友達がいっぱいいて、競争することなく、成績も気にせずただひたすら興味のある分野に没頭できた。その経験は本当に大きい」と述べています。ＴＩＰの卒業生には、医者、エンジニア、弁護士、作家、医療系会社の創設者など、様々な職業につく人がいて、特筆すべきなのは、**たった一夏の3週間を共に過ごしただけの仲間なのに、一生ものの卒業生ネットワークが作られる**という点です。

スチュービー博士は、「ＴＩＰで、私はオタクじゃないって気がついた。少なくとも、オタクに囲まれている間は。そこで、いつか、大人になって知的な話をすることは何も恥ずかしいことではなく、科学の分野で研究をしたいと思うことも何も間違っていないって気がつき、自分に自信がついた」と当時の経験を振り返っています。

ＴＩＰの中には、３週間かけて「ゾンビとバンパイア」を学ぶというようなものもあり、生徒は、様々な文化に登場する怪物、例えばケルト文化のボガート（家に住む精霊）、ギリシャ神話に出てくるハーピーという顔と体が女で、翼と爪は鳥の形をした怪物、そして、フィリピン・バンパイア（アスワン）などを、神話や社会人類学の角度から研究します。それをお化け屋敷を作るという形でプレゼンする、という3週間のプログラムです。

クリエイティビティや文学、歴史学などに興味のある生徒にはたまらない3週間なのではないでしょうか。

また、普通の生徒が1年かけて学ぶ数学を3週間で学ぶクラスもあり、そこでは、二次方程式を学ぶために、橋の上からバービー人形を異なるパラシュートをつけておとす実験を重ねます。また、牛や犬、馬の解剖をしながら獣医学を3週間かけて学ぶクラスもあります。中には、高校生のクラスで既に、医学部に行くべきか、獣医学を学ぶべきか、などのキャリアコーチをしてくれる先生もいて、「そんな話、普段の高校の友達とはできないから、本当によかった」と語る子もいます。（＊70）

ＣＴＹもＴＩＰも人気プログラムのため、費用は高く、3週間で4000ドルから5000ドルほどしますが、日本在住でも、夏休みを有効活用できるし、留学をしなければいけない訳でもないのでハードルも下がるのではないでしょうか。もちろん、選考プロセスの一環としてアメリカの学力テストまたはそれに準ずるものを受けなければいけなかったり、授業は英語だったりするので、英語力は必要とされますが、若いうちであれば柔軟に新しい環境にも適応できるでしょう。

③オンラインコースを活用し、世界レベルのギフテッド教育を

①のホームスクーリングの教科書の項でも少しお話ししましたが、自宅での学習で、親が先生となり教える必要がないオンラインのコースを受講させるというのも、選択肢の一つです。

そこで私がおすすめしたいのが、**スタンフォード大学が開発と運営をしているギフテッド専用のオンラインコース**です。ギフテッド&タレンティッド（http://giftedandtalented.com）というサイトなのですが、全てのコンテンツをオンラインで学び、スタンフォード大学卒業生を含む優秀な家庭教師もサービスの一環としてついてきます。この家庭教師も全てオンライン（メールやスカイプ等）を通して交流するので、昔のスタイルで家に家庭教師の先生を招き入れるために部屋を掃除したりおやつを用意したり、というお母さんたちの忙しさも解消されます。

幼稚園（キンダー）の年長から高校3年生まで幅広く教育コンテンツを揃えており、例えば小学校低学年から中学生対象コースの場合は、メインは数学と英語（単語、文法、作文等）。３ヶ月で一教科約５００ドル（家庭教師サービス込み）です。

サンプルのコースもチェックできるので是非興味のある方には見てもらいたいのですが、非常にインタラクティブで、色彩豊か、音やナレーションを活用し、ゲームなども取り込み多角的に数学を教えています。自分のペースで学べて、数学をインタラクティブに感じ取ることが出来るので、特にビジュアル・ラーナーの子どもには最適だと思います。そしてコースを修了すると、修了証も発行されますので、達成感を得られるでしょう。

先日、このサイトの運営チームと話をする機会があったのですが、驚いたことに、**アメリカ国外のアクセスも非常に増えているということで、特に中国からの受講生が非常に多いということでした。**

まだ多言語化には対応していないのですが、それだけアジアの教育熱心な親御さんというのは行動力があるのだな、と感心してしまいました。日本で、子どものうちから英会話に通わせてもなかなか実践力がつきにくいですが、たとえば好きな算数などを英語で学ぶのなら、英語も身に付きやすく一石二鳥なのではないでしょうか。

また、アメリカの大学への進学を考えている中高生なら、日本にいながらこのようなコンテンツにアクセスして自分の能力を高めることができるので、おすすめです（そして修了証を受験願書に載せれば、もしかしたら何かしらのプラスになるかもしれません）。

このサイトのメインターゲットを見てみると、やはり中学3年生から高校3年生までの、大学受験を控えた層のように見受けられます。コース内容も非常に細分化されており、例えば、代数、幾何、微分積分、物理、化学、そして理数系に強いスタンフォード大らしく、この年齢から「C言語でのプログラミング」「Javaでのプログラミング」「機械工学」「電気と磁気」なども提供されています。

ほとんどが理数系の内容になっており、オンラインコンテンツ化に適しているのも一つの理由ともとれますが、第4章でも触れたように、近年の異常なまでの理数系科目への生徒からの需要の高まりもあると思います。

子どもの教育は1年単位で考えよう

私が今回この本を執筆する中で親として一番、目から鱗が落ちたアドバイスは、前述の、全米天才児協会で出会ったギフテッドの娘を持つサミという女性が私に言った「子どもの教育は1年単位で考えた方がよい」というものでした。

確かに、ギフテッド事例で何度も紹介したジャック・アンドレイカ君も、小学校6年生のときに公立の勉強がつまらなすぎたので、STEM教育に重きを置いたチャータースクールに転校した、ということでした。また、第5章で紹介したギフテッド専門のヘリオス・スクールの在校生の親御さんから聞いた話でも、過去に学校を変えて、結局ヘリオスに戻ってきた子がいました。

小学校入学や中学校入学などの大きな節目以外にも、常に学校は転校生を受け入れている訳です。「この学校が合わなかったらどうしよう」と大きな決断をする時に色々不安にさいなまれるよりも**「合うか合わないか、やってみないと分からないのだから、今まで自分が見てきて感じ取った全ての情報をベースに、とりあえず行ってみよう。合わなければ他のチョイスがある」**と思えたら、随分、不安も払拭されると思うのです。特に、学費の高い私立校へ入学させるときには、そのようにある意味、気楽に捉えれば、決断しやすくなるのではないでしょうか。

同じことが、習い事にも言えます。

ジャック・アンドレイカ君のお母さんは、常日頃からジャックに、**「人生とは、自分自身の情熱を見つけることなのよ」**と言っていたそうで、新しいものにトライしては失敗し、次々にトライを繰り返していました。

自分の才能や好きなことを見つけるためには、あらゆるものに手を出してみて、やってみるしか方法はありません。その結果、うまくいかなかったら、周りからは、「折角始めたばかりなのに……」というような否定的な意見も言われるかもしれませんが、そこは親の直感に従い、「これは我が子には向いていない」と見極めたのならば、時間を無駄にせず、さっさと次のターゲットにうつるべきなのです。

自由遊びをもっとさせよう

私自身もこの本の執筆のために様々なリサーチを重ねる中で、**子どもに合っていないと思えば、時間を無駄にせずに行動に起こすことがどれだけ大事か**を身にしみて感じるようになりました。

実は先日、過去半年続けていた娘の中国語のレッスンを思い切ってやめることにしました。娘が毎日のように文句を言い続けていたという理由だけではなく、あまり進歩が見られなかったからです。子どもに何かしらのレッスンをしている方であれば分かるかと思いますが、子どもというのは急激に物事を吸収し昨日までは出来なかったことが次の日には問題なく出来るようになっていることがあります。それもふまえて、私は娘の学習スタイルを理解した上で、半年を一つの単位として捉えることにしました。
また、まだ幼稚園年長であるにもかかわらず学習塾のように机に座って中国語や算数のドリルをする娘の姿に、何か疑問を持ったというのも正直な気持ちです。アメリカでは小児科に行くとどの個室にも、あるポスターが貼ってあります。アメリカ小児科学会が推進しているもので、「毎日、あと1時間、自由遊びの時間を増やしてください」と書いてあります。これには、理由があります。２００９年にロバート・ウッド・ジョンソン財団がアメリカ全土の小学校の校長約２０００名に対して行った調査によって分かったことの一つに、学業への比重（学力テストでの成果を上げなければならないという学校としてのプレッシャー）が重すぎて、結果的に休み時間を削った学校が、５校に１校あるというのです。（＊71）

親御さんの中には異常なまでに学業に対してこだわりを見せる人も多いですが、私は逆に、今回ギフテッド・チルドレンについて調べ、その本質を学ぶ中で、**型にはまらない自由な環境で、子どもが自発的に興味をもち、行動し、問題に直面し、独自の解決法を見いだし、また挑戦したくなる、**という一連の学びのループが、何よりも効果的なのではないかと思うに至りました。飛び級学級やアンスクーリング、ホームスクーリングなどの小手先の手法論の話ではなく、もっと根本的な話です。

私も、そもそも中国語を今から娘に学ばせておけば、大きくなったときに色々便利そうだ、これからの時代は３カ国語以上喋れて当たり前だから、というような親としての打算的な考えから始めたのですが、そこに間違いがあったと気がついたのです。

読者の皆さんも、もし、子どもの習い事や学校などについて、子どもの様子から疑問を感じていることがあれば、それを見逃さないでください。世間の意見やランキングなどには左右されず、**「親の辞書に面倒くさいはない」**の精神で、現状を積極的に切り捨てて、新しいチャレンジをしていただきたいと思います。

真のギフテッド・チルドレンは、その先にのみ、生まれるのではないでしょうか。

《巻末付録》

ギフテッド開発センターによる簡易的ギフテッド診断テスト

この本を読みながら、「果たしてうちの子はギフテッドだろうか？」と気になった方も多いのではないでしょうか？　第2章で書いたように、ギフテッドの診断は前述の方法で正式に行われるものですが、まずはその第一ステップとしてここに簡易的な診断テストを用意しました。これはギフテッド開発センターによる質問紙（＊72）とその診断法を、著者が日本人向けにアレンジしたものです。

以下のあなたのお子さんに対しての26個の質問に、とてもそう思う、そう思う、分からない、そう思わないの4段階評価であてはまるところに○をつけてください。基準は、同年代の他のお子さんと比べて、ということです。

	そう思わない	分からない	そう思う	とてもそう思う
論理的に考えられる				○
物事を早く学ぶ			○	
語彙が非常に豊富				○
記憶力が非常によい				○
長い間物事に集中できる				○
敏感である（傷つきやすい）			○	
共感を示す			○	
完璧主義者である			○	
感情が激しい		○		
モラルに関して敏感				○
強い好奇心がある			○	
興味があることには忍耐強い				○
エネルギーにあふれている		○		
年上と遊ぶのを好む		○		
幅広いことに興味がある				
ユーモアのセンスに長ける				○
読書が好き				○
正義や平等に関心を寄せる				○
年齢の割に大人な判断をする	○			
観察力がある			○	
はっきりとした想像力がある			○	
非常にクリエイティブである			○	
権威に疑問を抱く傾向がある	○			
算数が得意		○		
ジグソーパズルが得意		○		
一人で考えることができる			○	

←診断方法は次ページに

〈診断方法〉

〔1〕まず、26個の質問のうち「とてもそう思う」と「そう思う」の数を数えてください。

〔2〕「とてもそう思う」と「そう思う」が合わせて20個以上あった場合（どちらが多いかはここでは問われません）、ギフテッドの可能性が高いと思われます。

＊この診断は、質問の4分の3以上について「そう思う」だった子どもの84％に高い知的能力があったというギフテッド開発センターの調査に基づくものです。

ただし、最終的には公式にＩＱテストやノンバーバルテストを、心理学者の立ち会いのもと受けさせないとギフテッドとは認定されない州が多いのですが、最初の出発点として、このような簡易的なテストを参考にしてみてもよいでしょう。

おわりに

「銅メダリストの方が、銀メダリストよりも幸せなのはなぜか」という非常に興味深いタイトルの記事が、私が愛読している「サイエンティフィック・アメリカン」に掲載されたときのことを、今でも覚えています。（＊73）

この記事によると、コーネル大学の心理学者、ビクトリア・メドベック博士とトーマス・ギロビッチ博士、トレド大学のスコット・メイディー博士の３人は、１９９２年に行われたバルセロナ・オリンピックでのメダルが確定した競技直後の選手の顔、表彰式の選手の顔のビデオを学部生たちに見せて、金メダリスト、銀メダリスト、そして銅メダリストのそれぞれの場面での幸せ度を10段階（１が一番悲しい顔、10が最高に幸せな顔）で数値化し分析しました。

それによると、メダルが確定した競技直後では、銀メダリストは４・８点だったのに対し、銅メダリストは７・１点、表彰式では銀メダリストは更に数値が下がり４・３点、銅メダリストは５・７点だったということです。

これが意味することは、人の幸せとは常に、客観的な絶対値によって決まるのではなく、「たられば」の思考での比較により決まる、ということです。これを専門用語で、「反事実的思考」と言います。つまり、銀メダリストは、「あと少し頑張ったら金メダルをとれたかもしれないのに」という反事実的思考により、銅メダリストは、「あと少し運が悪かったら4位になっていたかもしれない」という反事実的思考により幸福感が左右される、ということなのです。

2012年にこの記事を読んでから今日まで、私は物事の決断に迫られたときなどによくこのことを思い出し、原点に戻るようにしています。それは、ここに人の本質があるからです。人は、楽観的であろうが悲観的であろうが、根本的に、あのときもっとこうしていたらもっと良い結果につながったかもしれないという「たられば」思考に翻弄され、幸せ度まで左右されてしまうものなのです。

そして、それは子育てにおける選択においても言えることとです。仕事などで後悔をするようなことがあっても、次にチャレンジして挽回すればよいと自分を奮い立たせることも出来ますが、子育てにおいては、そう簡単にはいかないことの方が多いのではないでしょうか。仕事と違って、代替がきかないだけではなく、気がついたときには、子どもは社会に巣立っていくからです。

先日、一人息子が晴れて大学に合格し、今年の夏には今まで一緒に暮らしていた家を息子がついに出て行く、まるでトイ・ストーリー3のような境遇のお母さんと話をする機会がありました。「私の人生において、一つの章が終わろうとしている。嬉しいし、悲しいわ」と彼女は言っていました。私も、あっと言う間に彼女の立場になるのだろうと思うと、時間は限られていると気がつきました。

将来、「あのとき、もっと子どものことを見ていてあげていたら……」というような言葉を口にすることのないように、子どもと常に正面から向き合い、そのときに最も正しいと思う選択をし続けることが、今、私たち親に出来る最善のことなのではないでしょうか。

この本を書くにあたり、とても細かい編集を通し素晴らしい本にしてくださった文藝春秋の井上敬子さんと、企画書の段階からここまで持ってきてくださったエージェントの鬼塚忠さんに心より御礼を申し上げます。

そして、忙しい毎日に追われながらも、我が子の可能性に目を向ける姿勢を持ちこの本を読んでくださった読者の皆さん。あなたのお子様のポテンシャルが開花するよう、同じ親として願っています。この本がきっかけで一人でも多くのギフテッド・チルドレンがすくすくと育っていくことになれば、作者としてこれ以上の喜びはありません。

石角友愛

2016年5月

【参考資料・参考ＷＥＢ】

（＊１）"Breakthrough: How One Teen Innovator is Changing the World"／Jack Andraka, Matthew Lysiak／HarperCollins (2015/3/10)

（＊２）Intel Free Press (2013/12/26)
http://www.intelfreepress.com/news/intel-hires-high-school-prodigy/7529/

（＊３）The New York Times (2014/2/22)
http://www.nytimes.com/2014/02/23/opinion/sunday/friedman-how-to-get-a-job-at-google.html?_r=0

（＊４）Bloomberg (2015/12/16)
http://www.bloomberg.com/features/2015-george-hotz-self-driving-car/

（＊５）http://mbp-aomori.com/soh-vehe/column/485/

（＊６）https://www.mensa.org/national-groups

（＊７）『ザ・ギフティッド　14歳でカナダのトップ大学に合格した天才児の勉強法』大川 翔／扶桑社（２０１４／８／5）

（＊８）http://nces.ed.gov/pubs2015/2015011.pdf

（＊９）2014-2015 State of the States in Gifted Education: Policy and Practice Data
http://www.nagc.org/sites/default/files/key%20reports/2014-2015%20State%20of%20the%20States%20%28final%29.pdf

（＊10）Gagné, F. (1985). Giftedness and talent: Reexamining a reexamination of the definitions. Gifted Child Quarterly, 29, 103-112. - See more at: http://www.nagc.org/resources-publications/resources/definitions-giftedness#sthash.RTMvvsIR.dpuf

(＊11) National Society for the Gifted & Talented　http://www.nsgt.org/giftedness-defined/

(＊12) Reproduced by permission from: Webb, J., Gore, J., Amend, E., DeVries, A. (2007). A Parent's Guide to Gifted Children. Tuscon, AZ: Great Potential Press, www.greatpotentialpress.com - See more at: http://www.nagc.org/resources-publications/resources/my-child-gifted/common-characteristics-gifted-individuals#sthash.m440g1kB.dpuf

(＊13) National Institutes of Health
http://www.nimh.nih.gov/news/science-news/2006/cortex-matures-faster-in-youth-with-highest-iq.shtml
The New York Times (2006/3/30)
http://www.nytimes.com/2006/03/30/science/30brain.html?_r=0
Education Week TEACHER (2010/2/9)
http://blogs.edweek.org/teachers/unwrapping_the_gifted/2010/02/what_brain_imaging_shows_us_ab.html

(＊14) "How Languages are Learned"／Patsy M. Lightbown Nina Spada／Oxford Univ Pr (Sd) (2013/3/21)

(＊15) "Helping All Gifted Children Learn"／Naglieri, J.A. & Brulles, D, & Lansdowne, K／Pearson (2009)

(＊16) https://www.testprep-online.com/nnat-sample-test-kindegarten.aspx

(＊17) The Roeper School　http://www.roeper.org/

(＊18) http://www.u-tokyo.ac.jp/content/400037152.pdf

(＊19) 平成21年度文部科学白書　http://www.mext.go.jp/b_menu/hakusho/html/hpab200901/detail/1296547.htm

(＊20) http://forestoftheraineducation.weebly.com/uploads/3/5/8/2/3582998/urban_gifted_education_and_african_american_students_parent_and_teacher_perspectives.pdf

(＊21) http://studysites.sagepub.com/cac6study/articles/Ford.pdf

(＊22) "The Smartest Kids in The World: and how they got that way"／Amanda Ripley／Simon & Schuster; Reprint edition

(2014/7/29)
(＊23) https://education.wm.edu/centers/cfge/camp_launch/index.php
(＊24) Jack Kent Cooke Foundation　http://www.jkcf.org/
(＊25) https://www.uky.edu/~eushe2/Bandura/BanEncy.html
(＊26) Social and Emotional Lives of Gifted Students　http://www.fcps.edu/is/aap/pdfs/presentations/DrTracyCrosspresentationonSocialandEmotionalDevelopment.pdf
(＊27) Gilbert Supporters of the Gifted　http://gilbertgifted.blogspot.com/2014_04_01_archive.html
(＊28) https://pty.vanderbilt.edu/wp-content/uploads/sites/18/TracyCrossLecture.pdf
(＊29) The Atlantic(2015/12)　http://www.theatlantic.com/magazine/archive/2015/12/the-silicon-valley-suicides/413140/
(＊30) Daily News (2012/6/9)
http://www.nydailynews.com/life-style/health/1-12-teens-attempted-suicide-report-article-1.1092622
(＊31) The Korea Times　http://www.koreatimes.co.kr/www/news/nation/2011/11/117_99498.html
(＊32) ＯＥＣＤ 生徒の学習到達度調査～２０１２年調査国際結果の要約～
http://www.nier.go.jp/kokusai/pisa/pdf/pisa2012_result_outline.pdf
(＊33) “Brainpower for the Cold War: The Sputnik Crisis and National Defense Education Act of 1958”／Barbara Barksdale Clowse／Greenwood Press (1981/12/21)
(＊34) 湯藤定宗「アメリカ合衆国における教育改革に関する一考察～ミネソタ州を事例として～」　http://www.lib.tezuka-gu.ac.jp/kiyo/rTEZUKAYAMAGAKUIN-UNI/r43PDF/r43Yuto.pdf
(＊35) National Association For Gifted Children
http://www.nagc.org/resources-publications/resources/gifted-education-us/brief-history-gifted-and-talented-

education
(＊36) 髙橋靖直「アメリカの教育システムのどこに学ぶか」　http://www.lec-jp.com/h-bunka/item/v260/24~27.pdf
(＊37) Breaking News From NPR (2015/12/10)
http://www.npr.org/sections/thetwo-way/2015/12/10/459219774/president-obama-signs-education-law-leaving-no-child-behind
(＊38) Quora
https://www.quora.com/Which-high-schools-did-the-Harvard-Class-of-2012-attend
(＊39) http://www.scarsdaleschools.org/cms/lib5/NY01001205/Centricity/Domain/89/HSProfile2013-14.pdf
(＊40) Creative Arts Charter School　http://www.creativeartscharter.org/
(＊41) http://nces.ed.gov/fastfacts/display.asp?id=372
(＊42) Forbes (2012/5/15)
http://www.forbes.com/sites/jennagoudreau/2012/05/15/best-top-most-valuable-college-majors-degrees/#a878d096ddbf
(＊43) Slate (2015/6/16)
http://www.slate.com/articles/technology/future_tense/2015/06/steam_vs_stem_why_we_need_to_put_the_arts_into_stem_education.html
(＊44) Boston Arts Academy　http://bostonartsacademy.org/home-news/steam-lab
(＊45) The Wall Street Journal (2015/7/6)
http://www.wsj.com/articles/into-the-blue-for-middle-schoolers-1436200913
(＊46) DNA info (2014/1/20)

https://www.dnainfo.com/new-york/20140120/south-street-seaport/school-founded-by-blue-man-group-focuses-on-creativity

（＊47）Palo Alto Online (2012/8/31)
http://www.paloaltoonline.com/news/2012/08/31/startup-schools-for-gifted-emerge-as-state-cuts-public-funding

（＊48）『9歳までに地頭を鍛える！ 37の秘訣』大川栄美子／扶桑社（2015/8/9）

（＊49）TED Blog (2015/4/13)
http://blog.ted.com/a-teenage-ted-speakers-mom-on-how-she-encourages-her-sons-to-innovate/

（＊50）"Mindset: The New Psychology of Success"／Carol S. Dweck／Random House (2006/2/28)（邦題『「やればできる！」の研究——能力を開花させるマインドセットの力』キャロル S・ドゥエック（著）、今西 康子（訳）／草思社（2008/11/1）

（＊51）"The Whole-Brain Child: 12 Revolutionary Strategies to Nurture Your Child's Developing Mind"／Daniel J. Siegel, Tina Payne Bryson／Delacorte Press (2011/10/4)

（＊52）"How Children Succeed: Grit, Curiosity, and the Hidden Power of Character"／Paul Tough／Mariner Books (2013/7/2)

（＊53）"How Will You Measure Your Life?"／Clayton M. Christensen／HarperCollins (2012/5/1)

（＊54）National Center For Education Statistics
https://nces.ed.gov/fastfacts/display.asp?id=91

（＊55）Alternatives To School (2015/1/5)
http://alternativestoschool.com/2015/01/05/homeschoolers-winning/

（＊56）"Evidence for Homeschooling: Constitutional Analysis in Light of Social Science Research"／Tanya K.Dumas, Sean

Gates, and Deborah R. Schwarzer／Widener Law Review
(＊57)『私の手が語る』本田宗一郎／講談社文庫（1985／2／8）
(＊58) Bridgeway Academy
http://www.homeschoolacademy.com/a/famoushomeschoolers/
(＊59) The Journal of College Admission, 2004
(＊60) Stanford Alumni
https://alumni.stanford.edu/get/page/magazine/article/?article_id=39384
(＊61) CNN (2011/8/3)
http://www.cnn.com/2011/US/08/03/unschooling.sudbury.education/
(＊62) " How Children Fail"／John Holt／Da Capo Press (1995/9/4)
(＊63) http://www.theatlantic.com/national/archive/2012/12/no-teachers-no-class-no-homework-would-you-send-your-kids-here/265354/#article-comments
(＊64) "Dinosaur!"／DK／DK Children (2014/7/21)
(＊65) "National Geographic Little Kids First Big Book of WHY"／Amy Shields／National Geographic Children's Books (2011/5/10)
(＊66) "Upside-Down Brilliance: The Visual-Spatial Learner"／Linda Kreger Silverman／Deleon Publishing, Inc. (2002/09)
(＊67) Visual-Spatial Resource　http://www.visualspatial.org/
(＊68) Teaching for High Potential: Creativity and the Common Core: Shining Light into a Dark Space by Chea Parton
(＊69) Slate (2006/7/20)　http://www.slate.com/articles/news_and_politics/summer_camp/2006/07/my_summers_at_nerd_camp.html

（＊70）CNN (2010/8/6)　http://www.cnn.com/2010/LIVING/08/06/geek.camp.talented/
（＊71）http://www.rwjf.org/content/dam/web-assets/2010/02/the-state-of-play
（＊72）http://www.gifteddevelopment.com/media/235
（＊73）http://blogs.scientificamerican.com/thoughtful-animal/why-bronze-medalists-are-happier-than-silver-winners/

石角友愛　Tomoe Ishizumi

東京のお茶の水女子大学附属高校を中退し、16歳で単身渡米する。ボーディングスクール（全寮制私立高校）に進学し、リベラルアーツ教育で有名な、オバマ大統領の母校でもあるオキシデンタル・カレッジを卒業（心理学士）。帰国して起業家を支援するインキュベーションビジネスを立ち上げ、3年間運営する。2008年、再びアメリカに渡り、ハーバード・ビジネススクールへ。戦略コンサルティング会社やベンチャーキャピタルで経験を積みながら、2010年に長女出産と同時にMBA（経営学修士）取得。シリコンバレーのグーグル本社でシニアストラテジストとして働いた後、2013年に雇用マッチングのジョブアライブ社を創業。2016年に人工知能でPOSデータ解析を行うRetail 10x社との企業結合により現在同社共同経営者兼日本代表。2015年に長男を出産し、一女一男の母。京都学園大学客員教授。全米天才児協会会員。シリコンバレー在住。世界各国の幼児のサイエンス教育、プログラミング教育、クリエイティビティ教育などに興味を持ち経営の傍ら研究を続ける。
感想、取材の問い合わせ等は tomoehbs@gmail.com まで。

協力：アップルシード・エージェンシー

アメリカ ギフテッド教育最先端《きょういくさいせんたん》に学《まな》ぶ
才能《さいのう》の見《み》つけ方《かた》　天才《てんさい》の育《そだ》て方《かた》

2016年6月30日　　第1刷発行

著　者　石角友愛《いしずみともえ》
発行者　石井潤一郎
発行所　株式会社文藝春秋
〒102-8008　東京都千代田区紀尾井町3-23
電話　03-3265-1211（代）
印刷所　図書印刷
製本所　図書印刷

ISBN 978-4-16-390455-9
Printed in Japan